JN410037

곶감을 훔쳐먹고

박순혜 수필선집

교음사

| 책머리에 |

오래전 세미나 때 동갑내기 문인 셋이 한방을 썼다. 그때 한 문우가 수필집 네 권을 내고 나서 수필선집을 내고 싶다고 했다. 그때 우리는 모두 그렇게 하자고 한마음이 되어 다짐했었다.

세월이 많이 흘렀고 두 문우는 수필집 다섯 권을 일찌감치 내고 선집을 냈다. 나는 게으름을 피우고 있는데 책 빚 갚으라는 독촉을 하지 않는가. 정신이 번쩍 들었다. 해이해진 마음을 가다듬고 선집 준비를 했다.

다섯 권의 책, 그 안에 실린 글들은 산고 같은 고통을 겪으며 세상 밖으로 내보낸 내 분신 같은 글들이다. 하여 어느 글 하나 소중하지 않은 게 없다. 그런데 지극히 적은 수의 글을 책 속에서 선택하여야 하니 그 일이 참으로 어려웠다. 글 한 편 선택하고 나면 다른 글들이 나도 데리고 가 달라고 애원하는 것 같아 짠했다.

마지막에 낸 수필집의 글만 컴퓨터에 저장되어 있고 네 권은 저장되어 있지 않아 글을 선택해 자판을 두드리는 일이 좀 힘겨웠다. 그런데 일껏 컴퓨터 작업을 마치고 나서는 마음이 바뀌어 다른 글을 선택하고 작업하는 일을 수도 없이 반복하였다.

이 책의 1집은 등단 전의 글이고 2집부터 5집까지는 등단 후 글이며 그 후는 수필집 속에 없는 신작이다.

이 수필선집 발간에 애쓰신 월간 『수필문학』 강병욱 회장님 그리고 류진 편집장님, 이민호 선생님 수고 많으셨습니다.

2023, 초겨울에 저자 박순혜

박순혜 수필선집

곶감을 훔쳐먹고

· 차 례
· 책머리에

1 벼 타작을 하고

2 상주 장날

3 매우 죄송합니다

4 금강산 기행

5 가죽 구두

6 한 다리도 십 리

1

벼 타작을 하고

제1집 『곶감들의 이야기』 중에서

어느 공무원의 아내

"우리 방송국에서는 본인들이 직접 출연해야 한다는 의견과 탤런트가 해야 한다는 의견들로 나누어졌는데 저희도 본인들이 출연하는 쪽입니다. 출연료도 있으니 실감도 나게 직접 출연하시지요."

방송국 직원들이 권유했다. 남편은 싱글거리며 계면쩍어 못한다고 했고 나는 영화로 내보내는 것도 싫은데 출연이라니요 하며 완강히 거절했다.

지난여름이었다. mbc tv 화면에 〈물자 절약 실천화를 위한 생활수기〉 공모 자막이 보였다. 최우수 작품 한 명에 30만 원, 우수작 두 명에 각 10만 원, 가작 세 명에 각 5만 원이었다.

“아유 상금도 많아라, 저 1등 큰돈은 어느 지방의 누가 탈까? 최우수작으로 뽑히는 사람은 얼마나 좋을까?”

혼자 중얼거렸다. 텔레비전이 어머님 방에 있어 티브이 시청을 잘 안 하여 마감일 열흘 앞두고 알게 된 것이 안타까웠다. 하루 세 끼의 식사 준비와 설거지, 청소, 빨래의 살림 사는 일 외에 농촌 생활인지라 잡다한 일들이 많았고 5리가 넘는 읍내로 나가서 장 보아 오는 일은 많은 시간이 소요됐다. 낮에는 글을 쓸 수가 전혀 없었다. 밤이 되어서야 앞마루에서 백열등을 켜고 글을 썼다. 투고 글을 가끔 쓰는지라 그런 글을 쓴다고 어머님도 남편도 알고 있었다. 그런데 모기가 단체로 몰려들어 내 몸 여기저기를 마구 물어뜯었다. 도저히 견딜 수가 없어 남편이 자는 모기장 안으로 살그머니 들어가서 불을 켜고 쓰노라니 몇 마리는 모기장을 뚫고 들어와 또 괴롭혔다. 남편은 불 끄라고 짜증 내어 애로가 이만저만 아니었다.

그렇게 매일 밤 모기에 시달리고 남편 눈치 보며 60매의 원고지를 일주일에 걸려 다 메꾸었다. 남편 출근길에 부탁하지 않고 이웃에 사는 5촌 조카 출근길에 등기로 부쳐달라고 부탁을 했다. 가작에만 들어도 좋고 거기에조차 못 들어도 손해 볼 건 없다고 미리 떨어질 것에 마음의 상처 받지 않을 준비를 단단히 했다. 그런데 그 떨어질 것에 대한 마음은 물론 응모를 했다는 것조차 잊고 일상을 보내고 있던 어느 날 내 글이 최우수작에 당선되었다는 신문 기사를 보았다. 최우수작이란 당선 통지도 보내왔다. 나는 그저 얼떨떨했고 그제야 여름밤에 마루에서 모기에게 시달리며 쓴 원고가 문화방송 경향신문사에서 주최한 수기 응모에 보낼 글이었었다고 식구들에게 말했다.

문화방송국 6층 회의실에서 시상식이 있었다. 방송국 사장님으로부터 상장과 상품을 받기 전 우수작, 가작의 다른 수상자들은 꽃다발을 주고받는 사진을 찍고 아주 법석이다. 그런데 최우수작 상의 나는 꽃다발 주는 사람도 없고 사진 찍어주는 사람도 없어 그저 조용히 앉아 있었다. 그때 한 청년이 내게로 와서 "혹시 2년 전에 최석채 회장님으로부터 파라솔을 받은 분 아닙니까?" 하였다. 그렇다고 하니 시상식이 끝나면 회장님 실로 오라고 하였다.

언젠가 내가 쓴 '원고료'란 글이 경향신문에 실렸었는데 며칠 후 최석채 회장님이 파라솔을 사서 보내주셨었다. 회장님은 내 이름을 기억하셨고 반가움에 비서를 시켜 나를 부른 것이다. 나 역시도 궁금했던 회장님을 직접 뵙는 영광을 안았다. 인상도 좋으시고 인정미가 넘치는 분이심을 느낄 수 있었다. 회장님이 물으셨다.

“상금이 얼마입니까?”

“30만 원입니다.”

“고거밖에 안 줍디까?”

30만 원이면 정말 파격적으로 많은 액수이고 세금도 제하지 않고 주는 돈인데 흔히 하는 질문으로 상금을 어디에 쓸 것인가?라고 하지 않으시고 “고거밖에 안 줍디까?” 그 말은 정말 명언이라 생각되었고 회장님이 너무나 멋져 보였다.

텔레비전에 내보낼 아나운서와의 대담도 마치고 기자와의 인터뷰도 끝내고 집으로 온 며칠 뒤 내 글을 영화로 만든다며 방송국 직원들이 왔다. 현지답사로 온 것이다. 우리 부부는 출연 거부를 하였더니 며칠 뒤 신인 탤런트 남녀 두 명을 데리고 제작진들이 들이닥쳤다. 나와 남편 역은 탤런트들이 했으나 잠깐잠깐 나오는 다른 인물들은 가족과 친척들을 출연시켰다. 그런데 박진홍 프로듀서가 마루에 걸터앉아 처마 안에 주렁주렁 달린 곶감을 빼 먹으며 불쑥 문장력이 좋던데 글을 누가 수정해 주었느냐고 글씨를 잘 썼던데 누가 대필을 해 주었느냐고 하질 않는가. 밤잠 못 자고 모기들에게 물어뜯기며 쓴 원고인데 너무나도 섭섭하였다.

그들은 여관을 정해 놓고 유하면서 우리 집에서는 물론 남편의 첫 발령지 비포장의 높은 재도 넘어야 하는 산골의 먼 화북까지 가서 촬영을 했다. 탤런트가 내 역할을 하기에 나는 안 가도 되지만 참견을 하려고 부득부득 따라갔다. 남편이 하숙하다가 살림방을 얻어 놓아 살림하러 내가 완행버스를 타고 가서 그곳에서 내리는 장면을 찍는데 내 마음에 들지를 않았다. 내 역을 맡은 탤런트에게 옷을 미리 준비해 와서 초라하게 입힌 것은 못마땅하지만 그냥 봐주었다. 그러나 가방이 아닌 보따리를 들게 한 건 참을 수가 없어서 한마디 했다.

"아니 저 그때 보따리 들지 않았어요. 가방 들었어요. 가방요."

박진홍 연출자와 정치조 촬영 기자 두 분은 빙그레 웃었고 갑자기 가방을 못 구해 난감해하였다. 연출자는 결국 여자 탤런트의 가방을 들게 했는데 그 체크무늬 가방이 너무 고급스러워 어울리지 않았다. 정치조 촬영 기자가 기어이 한마디 했다.

"가방이 너무 고급스러운데."

그분들은 보따리를 들게 하고 촬영하지 않았음을 거듭 애석해했다.

방송국 사람들이 촬영을 마치고 가고 며칠 뒤 텔레비전에서 「어느 공무원의 아내」란 제목으로 방영이 될 때 보니 정말 그 가방은 옷과 배경과 너무 어울리지 않았다. 그 영화를 보며 나는 왜 그리 부끄러운지 내가 아는 사람 모두 안 봤으면 좋겠단 생각을 했고 직접 출연을 안 하기를 잘했다는 생각을 수도 없이 했다.

차창 밖의 5월

올해 따라 봄놀이 가는 사람들이 많은 것 같다. 우리가 사는 집이 바로 큰 길가이고 또 이 길이 관광지인 산장과 문장대로 가는 길목이라 그런지 봄놀이도 한창 지났을 것 같은데 이 길은 한가한 날이 없다. 크게 부러울 건 없지만 그래도 한가닥 바람은 있었다.

지난해 봄에는 그이의 직장에서 직원들이 매달 봉급에서 무조건 일백 원씩 갹출을 해서 저금한 돈으로 부인들은 물론 아이들까지 미혼자는 어머니와 동생을 하숙하는 분은 하숙집 아주머니와 함께 가까운 산장에 가서 하루를 재미있게 보낸 적이 있다. 보물찾기, 기념 촬영, 노래 부르기 등 다채롭고 오붓하게 즐긴 그 날이 그리워 이번 봄에도 야유회를 갔으면 하고 은근히 기대하고 있었다. 그러나 5월로 접어들어도 그이는 아무 말이 없다.

놀이야 언제 가든 올해도 가족 동반을 하여 가는지 안 가는지가 궁금하여 남편한테 물어봤다. 이에 그의 대답인즉 국장님의 사모님이 편찮으셔서 완쾌되면 가족 동반하여 야유회를 간다는 것이다. 그러나 사모님은 내내 몸이 안 좋아 결국 남자들끼리만 봄놀이를 가고 집에 남은 가족들은 지난해 봄의 즐거웠던 그 날을 회상하며 하루해를 보냈다.

그런데 마침 나는 고향에 갈 일이 생겨 버스를 탔다. 언제나 집안에서만 맴돌고 가끔 가까운 시장에나 나가곤 하는 나의 생활에서 계절의 변화는 새로웠다. 산에는 연푸른 신록이 산들바람에 나부끼고 검푸르게 밭고랑 지은 들판의 보리들은 하늬바람 따라 비단 물결을 이루는데 열린 버스의 창문으로 간간이 거름 내 섞인 흙내음이 내 마음을 고향으로 앞질러 가게 한다. 좁은 신작로 가에 서 있는 아카시아가 버스의 창에 스치면서 이제 막 피기 시작하는 아카시아꽃 향기가 훅 콧속으로 스며들고 순하디순한 엄마 소는 곰방대를 피워 문 주인 옆에서 왕방울 눈을 끔벅이면서 휴식을 즐기고 있다.

봄놀이에는 하등의 관심도 없다는 듯 옆구리에 커다란 다래끼를 끼고 산을 열심히 오르는 아낙네들, 고사리 두릅 잎을 따거나 도라지 더덕을 캐러 가는 모양이다.

이 모든 한 폭의 동양화와 같이 아름답고 평화로운 차창 밖을 내다보며 내 마음은 5월처럼 푸르고 5월처럼 맑아 옴을 느꼈다. 5월의 고향 나들이로 하여 봄놀이를 못 간 아쉬움도 봄놀이를 가야겠다는 마음도 내게서 사라졌다.

부채

수학여행을 갔던 딸 아이가 내 선물로 태극부채를 사 왔다. 나는 선불은 사 오지 말라고 했던 애초의 당부도 잊은 듯 좋아했다.

요즘은 시골 구석구석 어느 집에도 한두 개쯤 당연히 있는 선풍기. 사람 손이 아니라도 제대로 잘 돌아가 시원한 바람을 일으켜 주는 선풍기 탓에 부채는 여성들의 고전무용 부채춤에서, 또 화가 신윤복의 미녀도에서나 볼 수 있는 것 같아 딸아이의 부채 선물이 반가웠다.

며칠 전 어머님이 계시는 시골집에 갔을 때 아주 멋진 부채를 봤다. 어머님이 손수 만드신 부채다. 비닐 비료부대로 만든 부채인데 윗부분을 둥글게 가위로 자르고 밑부분을 주름지게 하여 짧은 막대기를 가운데로 세워 나일론 끈으로 꽁꽁 동여맨 부채다. 바람도 잘 났다. 그 부채는 오래오래 사용해도 찢어질 염려도 없고 때 묻으면 물로 씻으면 되어 만년 부채란 생각이 들었다. 내 얼굴에 미소가 절로 지어졌다.

어머님의 기발한 아이디어에 놀랐다. 그 멋진 부채를 보니 내 어렸던 시절, 할아버지가 해마다 여름 문턱에 들어서면 부채를 두세 개씩 꼭 만들어 오셨던 생각이 났다. 대나무를 잘게 쪼개고 기름 바른 창호지를 입힌 큼지막한 부채였는데 부채마다 그림을 그려 넣었고.

紙質은 柔하고
竹性은 强하니
二氣之情이여
妙合成이로다

이런 자작시도 써넣은 참으로 멋진 부채였다. 읍내 사는 큰언니 친구들이 떼 지어 놀러 왔을 때 언니는 옷장 위에서 부채를 꺼내 앞앞에 주어 부치게 하며 부채 자랑을 하였다. 언니 친구들은 부채 멋지다고 하면서 부채에 그려진 그림과 시를 유심히 보기도 했다.

담장 위 호박잎이 졸음에 겨워하는 여름 한낮이면 나는 할아버지가 새로 만들어 오신 부채를 골라 들고 바람을 일으키며 대청마루 차가운 바닥에 뒹굴뒹굴하곤 했는데 한 번도 앓아눕지 않으시던 할아버지가 갑자기 쓰러져 돌아가신 후 우리 집 부채 수는 점차 줄어들었고 그리도 튼실한 부채가 해가 거듭됨에 때가 묻고 찢어지기도 했다.

할아버지가 만드신 부채와 어머님이 만드신 부채 생각을 하며 나는 딸아이가 사 준 태극부채로 이 여름 더위를 식히고 있다.

벼 타작을 하고

"가마니 다섯 개 가지고 가면 될까요?"

남편의 말에 놉으로 온 일꾼이 고개를 가로저으며 더 많이 가지고 가야 한다 했다. 남편은 가마니를 넉넉하게 꺼내 탈곡기와 함께 리어카에 실었다. 집 뒤로 가파른 길을 올라 산 너머로 하여 꼬부랑 오솔길을 지나서 또 다른 산 밑에 있는 조그만 다랑논으로 일꾼과 남편 따라 나도 갔다. 차라리 없으면 좋겠다는 생각을 여러 번 하며 내 속을 무던히도 태워 준 논이다.

앞뜰 한복판에 있는 골답은 적기에 하늘에서 비를 내려주지 않아도 봇도랑 물을 이용하여 모를 심는다. 그러나 하늘에서 내려주는 비에만 의존하여야 하는 이 천수답 다랑논은

비 올 때 모를 심지 않으면 모심기는 때를 놓친다. 그냥 묵히거나 밭처럼 이용하며 메밀이나 조를 심어 가꿔야 한다.

지난여름은 가뭄이 극심했다. 타들어 가는 밭작물, 갈라진 논바닥을 보며 비를 기다리는 농부들의 마음은 거북이 등처럼 갈라진 논바닥만큼이나 갈라지는 듯 애를 태웠다. 비를 내려주지 않는 하늘을 원망하면서 그 하늘에다 비가 내리길 간절히 기원했다.

농부들의 기원이 헛되지 않았는지 하늘을 자주 보던 어느 날 드디어 회색 구름이 낮게 깔리더니 쫙쫙 굵은 빗줄기가 내리퍼붓는 게 아닌가. "비! 비다 비" 소리를 지르기도 하며 동네 사람들은 밝은 얼굴로 삽이며 괭이를 들고 또한 쟁기를 지고 소를 몰아 들로 나갔다.

모두에게 반가운 이 비가 나는 반갑기는커녕 원수같이 느껴졌다. 시동생 집에 가신 어머님이 다음 날 오시겠지만 그 전에 논둑을 진흙으로 싸 바르는 이른바 논두렁을 해야 하므로 일꾼을 구해서 논두렁을 해야 하는 책임이 부여된 나는 이왕 늦은 비 며칠 후 일요일에나 올 것이지 하며 내린 비가 반갑지 않았다. 그러나 어찌 단비를 주는 하늘을 원망만 할 수가 있는가.

이 집 저 집 놉을 얻으러 다녔다. 하지만 자기네들 일 제

쳐두고 우리 일 해 주려는 사람은 아무도 없었다. 나는 밤사이 갈라지고 구멍 난 논둑으로 천금 같은 물이 다 새어 나갈 것을 생각하니 너무나도 애가 타서 '아, 차라리 내가 농군의 아내라면 좋겠다' 하고 부르짖었다. 새로운 악상이 떠오를 때마다 '오선지가 있었으면', 하고 부르짖었다는 베토벤처럼.

내가 농군의 아내를 부러워한 적이 지난해 여름 어느 날에도 있었다. 그날 아침 식사를 끝낸 어머님이 시원할 때 고추밭을 매고 오겠다며 밭으로 가셨다. 나는 여느 날과 다름없이 설거지, 청소, 빨래를 끝내고 여유작작 방에서 책을 읽고 있었다. 그런데 한나절이 안 되어 밭에서 오신 어머님이 마당에 들어서자마자 소리를 고래고래 지르며 화를 내시는 게 아닌가. 어머님이 그렇게 화내는 건 처음이라 어리둥절했다. 간식을 안 좋아하시고 주전자에 마실 물을 담아 가셨기에 어머님 노여움이 도통하고 이해가 되지 않았다. 면장도 알아야 한다는데 내가 뭘 잘못했는지 알아야 잘못했다거나 죄송하다는 말을 할 게 아닌가. 어머님이 너무 무서웠다.

어릴 때 소꼽친구 재숙이 이 세상에서 제일 무서운 게 호랑이라 했고 옥희는 병이라 했고 나는 전쟁이라 했었다. 이 친구들에게 말해 주고 싶었다. "얘들아 나 이 세상에서 제일 무서운 거 바뀌었어. 어머님이야 우리 시어머니"라고.

뒤늦게 안 사실, 마당 한가운데 수북하게 끌어모아 놓은 전날 타작한 보리, 그걸 햇빛이 쨍쨍한데 펴서 안 널고 그냥 두어 화가 나신 것이다. 마당에 들어서면서 그걸 지적하셨을 것이다. 내가 못 들었을 뿐. 죽도록 밭매고 온 유세가 안 그래도 등등한데 며느리는 몰라도 너무 모르니 열 받으신 것이다.

나는 밀개로 보리를 뜯어 널면서 내가 결혼 때 절값 받은 돈으로 남편에게 책 사 주며 공무원 시험에 응시하라고 충동질 안 했으면 그이는 농군, 나는 농군의 아내가 되어 함께 들에 나가고 함께 들어오고 할 건데. 오늘 같이 야단맞는 날이 없을 텐데. 남편이 농군이었다면 햇빛 나면 보리 뜯어 널라고 미리 말해 주고 들로 갔을 텐데 하는 이런저런 생각으로 농군의 아내가 부러웠다.

농군의 아내, 일을 많이 하는 것 같아도 힘든 일은 남자가 하고 여자는 남편 따라 보조 일만 하면 된다. 그러나 남자가 직장에 나가면서 농사짓는 집, 여자 일복 터지고 골탕 먹기 딱 좋은 것이다.

그날 끝내 일꾼을 못 구한 나는 집의 일이 걱정되어 일찍 퇴근한 남편과 함께 손전등을 가지고 들로 나갔다. 그이가 삽으로 진흙을 퍼 논둑에 얹으면 나는 손으로 매끈하게 싸 발라 나갔다. 날이 어두워지자 한 손에 손전등을 켜서 들고 한 손으로 싸 발라야 해서 힘이 많이 들었다. 이튿날은 몸살을 된통 앓았는데 가을이 되고 벼가 고개 숙여 노랗게 영글어갈 때 그날의 애로도 잊었다. 내 작은 손으로 싸 바른 논두렁에 부지깽이로 뽕뽕 구멍 뚫어 심은 콩이 익어가는 걸 보는 마음도 행복하였다.

흙은 참 거짓을 모른다. 부지런하고 게으름의 결과를 분명하게 안겨준다. 심고 가꾸고 거두는 일, 특히 심는 일은 시기를 놓치면 수확의 결과는 엄청난 것이어서 천수답에 빗물을 받아 못 빠져나가게 논두렁 하는 일은 여간 중요한 일이 아니다.

놉으로 온 분은 부지런히 탈곡기를 밟았고 벼는 의외로 많이 나왔다. 정부의 권유로 통일벼를 심었기 때문이다. 뜰에 쟁여놓은 벼 가마니를 보노라니 애간장 다 태우던 여름의 단비 오던 날과 캄캄한 밤에 손전등 켜 들고 논두렁 하던 일도 잊고 행복에 젖는다.

가계부

서울 조흥은행 본점 강당을 꽉 메운 서울 주부들, 연신 나를 향해 카메라 플래시를 터뜨리는 신문기자, 방송국 기자, 내빈들, 내게 관심 쏟으며 말 한마디 표정 하나하나 유심히 보고 들을 방청석 꽉꽉 메운 사람들 생각에 주눅이 잔뜩 들었다. 사진을 찍는 기자의 "웃어주세요" 하는 주문에도 나는 사뭇 굳은 표정으로 앉아 있었다,

여성 저축생활 중앙회 주최 가계부 응모 심사에서 내 가계부가 전국에서 특상인 1위를 하여 시상식에 참석하게 되었다. 심사 기준 여섯 가지가 있는데 심사위원 여섯 명의 심사에서 내 가계부가 거의 만점이 나왔다고 심사 위원장이 단상에서 말했다. 그러면서 교양, 오락비는 적었다고 지적했다.

사람이 살면서 적당히 여가를 즐기고 예술적인 취향도 살려가면서 살아야 한다는 것 잘 안다. 그러나 남편의 월급을 부모님께도 드리므로 그런 항목에 예산을 인색하게 해 놓을 수밖에 없었다.

특상인 내가 시골 대표로, 우수상(3등)의 주부가 서울 대표로 사례 발표를 했다. 사례 발표를 한다는 말을 미리 해 주지 않고 하루 전에 연락을 취해 주어서 부랴부랴 발표할 원고를 밤에 쓰느라 잠을 못 자 좀 피곤했다.

단상에 올라가 가계부를 이렇게 기록해야 한다는 설교식이 아닌 '나는 가계부를 이렇게 썼다'며 내가 쓴 방식을 말했다. 남편의 봉급 명세서는 꼭 그달의 첫 페이지에 붙이고 예산을 세워 지출했다는 것, 월말에 가서 반드시 결산했다는 것, 가계부에 그렇게 하라는 지시가 없지만 매달 지출을 항목별로 그래프 용지에 그려서 높게 올라간 항목의 이유와 반성을 기록하며 다음 달 예산의 참고로 삼았다고 했다. 적자는 빨간 볼펜으로 마이너스 얼마로 기록했다고도 했다. 주부들이 가계부를 쓰다가 중단하는 이유 중의 첫째가 적자가 나기 때문이라고 하는데 적자를 이유로 가계부를 안 쓰면 안 된다고 했다. 왜냐하면 우리는 모두 내일 일을 모르고 살기 때문에 예산대로 안 되고 엉뚱한 지출이 있게 마련이라며. 다만 그

적자를 다음 달에 어떻게 메꾸어 나가느냐가 중요하다고 역설했다.

발표 중간에 아들과 있었던 이야기도 했다.

어느 날 학교에서 돌아온 5학년 아들이 "엄마, 오늘 자습 시간에 선생님이 내 양말 기운 것 보고 씩 웃으시잖아요. 부끄러워서 혼났어요" 하지 않겠어요. 그래 제가 "떨어진 양말 기워 신은 게 뭐가 부끄러워" 했는데 며칠 후 통지표를 받아 왔습니다. 통지표의 가정통신란에 '각 교과 성적 우수하며 꾸준한 가정학습은 본받을 만함'이라고 쓰여 있어 제가 그걸 읽는데 아들이 "엄마, 이건 우리 선생님께서 나 양말 기워 신었다고 그러시는 거라고요" 하지 않겠습니까. 그래 제가 "아니 양말 기워 신은 게 어째서 가정학습이냐?" 하니 "우리 선생님이 내가 집에서 공부하는 것 보셨나요, 뭐 양말 기워 신었다고 그러지요" 하더라고요. 저는 아들에게 "양말 떨어진 것 기워 신은 것을 좋은 가정학습이라고 하신 네 선생님이야 말로 참으로 훌륭한 분이로구나"라고 말해 주었습니다.

다음으로 서울 주부의 발표였는데 이 주부는 아예 원고를 써 와서 읽었다. 떨렸던 내 가슴이 좀 진정되었다. 식을 마치고 자리를 뜨려 하는데 주부 여섯 명이 내 곁으로 몰려와서 나를 둘러쌌고 한마디씩 했다.

"시골서 와서 발표를 어쩜 그렇게 잘해요?"

"서울의 주부로서 너무 부끄러워요."

"그 생활 태도가 너무나도 마음에 들어요."

"진정으로 축하해요, 정말 정말 훌륭하셔요."

시상식 다음 날 기독교방송국의 「부인 안녕하세요」 시간에 나가 생방송을 했다. 그런데 KBS 라디오 「박인희예요」에서도 방송 요청이 있어 그 시간에 기독교방송에 이미 약속이 되어 나가야 한다고 했다. 프로듀서는 실망을 하더니 전화 대담을 녹음하여 기독교방송과 같은 시간대에 내보내는 게 아닌가. KBS 티브이에서는 생방송으로 내보낸다며 나를 잔뜩 긴장하게 했다. 텔레비전에는 정말이지 출연하고 싶지 않았다. 전국에서 내 얼굴을 본다는 생각과 실수라도 하면 어쩌나 걱정이 태산 같았다. 그래서 텔레비전 출연은 하고 싶지 않다고 원선희 회장님에게 말했다가 된통 혼났다. 돈 한 보따리 짊어지고 와서 티브이 출연 시켜달라고 하면 아무나 시켜 줄 줄 아느냐며 영광인 줄 알라고 하셨다.

조흥은행 강당에서 한 것과 같은 사례 발표가 아닌 회장님과 아나운서와 셋이 대담식으로 하여 다행이었다. 방송을 마치고 나서 회장님이 말을 그렇게 잘하면서 왜 그렇게 출연 안 하겠다고 했냐며 내게 살짝 눈을 흘겨 주셨다.

여기까지는 참 좋았다. 그런데 나는 그만 회장님께 크나큰 실수를 했다. 원선희 회장님이 나를 나이보다 앳돼 보인다고 하시기에 회장님 나이가 은근히 궁금했지 뭔가. 그래서 "회장님, 올해 연세가 어떻게 되세요?" 했다. 회장님 나이를 감히 직접 묻다니 그것도 연세라며 아뿔싸. 그러나 이미 튀어나온 말. 회장님은 요 조그만 촌 여자가 참 당돌하구나 싶었는지 씩 웃으시고는 "그래 몇 살이나 되어 보여요~?" 하시지 않는가. 나는 주저 없이 육십오 세 되어 보여요" 느낀 그대로 말했다. 그런데 회장님은 여태껏 지으시던 미소를 싹 거두시고는 "오! 내 나이가 그렇게나 많이 들어 보여요? 열 살이나 더 많이?" 하시는 게 아닌가. 두 번째로 아뿔싸다. 이런 주책바가지가 있나? 당장 숨어버리고 싶은데 내가 들어갈 쥐구멍이 없어 그 자리에 멀뚱히 서 있었다.

알고 보니 회장님은 55세였다. 비만이어서 나이가 더 들어 보여도 적게 말해 주는 예의 하나 지니지 못한 이 멍텅구리, 상 타고 돈 타고 매스컴 타고 잘 나가다가 끝판에 실수를 크게 한 것이다. 여자 나이는 묻지 않는 게 불문율로 되어 있는 줄 알면서 새파랗게 젊은 게 높은 사람 나이를 직접 묻다니. 회장님은 마음의 상처를 크게 받았을 것 같다. 너무나 죄스러웠다.

집에 오니 상주국민학교에서 사례 발표 부탁을 해 왔다. 내키지 않았는데 응하지 않을 수가 없었다. 서울에서 발표한 대로 가계부를 이렇게 쓰라 하는 설교가 아닌 '나는 이렇게 썼다'라고 내가 쓴 방법을 이야기했다. 그리고 적은 돈 지출에 신중하고 목돈 쓸 일에 용감하게 쓸 줄도 알아야 하며 무조건 아끼고 안 쓰는 구두쇠와 합리적 가계 운영은 틀린다고 말했다. 요즘은 옛날과 달리 허리띠 졸라매고 콩나물죽 3년 끓여 먹는 또순이 형 가계 운영은 바람직하지 않다고도 했다. 내가 전국 가계부 심사에서 특상이라고 저축도 많이 하고 구두쇠로 생각하겠지만 나는 저축을 수입의 31% 했고 2등인 모범상은 70% 했음을 말했다.

우리 두 애들이 다니는 상산국민학교에서 한발 늦게 출연 요청을 해 와서 또 응했다. 대구의 두 방송국에서도 출연 요청을 간절히 해 와서 응하고 보니 상을 타는 일은 피곤이 뒤따름을 절실히 느꼈다.

아들의 아르바이트

24일간의 아르바이트를 마친 아들이 얄팍한 봉투를 내 손에 살그머니 쥐여 준다. 겨울방학을 하자마자 자진해서 우체국 아르바이트를 하게 된 아들은 사고 싶은 것이 어찌 그리도 많은지 첫 출근도 하기 전에 "우선 아빠 스웨터를 하나 사 드리고 테니스 채도 바꾸고 전축 판도 몇 개 더 사고 책도 살 게 많고…." 하더니 엄마에겐 뭘 선물할까 묻는다. 나는 용돈으로 쓰면 그것만으로도 고마우니 지난해처럼 식구들 선물일랑 일절 하지 말라고 신신당부했더니 아르바이트를 마치고 와서 봉투를 맡기는 것이다.

지난해에도 아들은 우체국 아르바이트를 했는데 그때 3명의 다른 대학생들은 하루 5,000원씩의 보수로 일했는데 아들은 대학생이 아니고 학력고사를 치고 난 예비 대학생이라 하루 4,370원의 보수로 일을 했다.

연말연시를 맞아 우체국만큼 바쁜 곳도 드물 것이다. 유난히 늦잠을 즐기는 아들이 새벽 여섯 시에 따뜻한 아랫목에의 미련을 박차고 일어나 매섭도록 찬 공기에 몸을 움츠리고 어둑어둑한 골목을 나서 가로등 싸늘한 모퉁이를 돌아간다. 집배원들이 시내 곳곳의 우체통에서 수거해 온 우편물을 분류해서 보내고 분류해서 또 보내도 산더미 같은 우편물은 쌓이고 또 쌓인다는 것이다.

세수만 하고 나가 일하다가 아침 9시 반에 집에 와서 조반 들고 오후 2시에 나가 밤 7시까지 일을 하게 되어 있는데 아들은 아침 먹고 곧장 일하러 간다. 그래 내가 오후 2시에 가라고 하면 "엄마, 집배원들이 얼마나 고생하는지 몰라요. 그렇게 과로하고 어찌 견디나 모르겠어요. 집배원들 불쌍해요. 천사여요 천사 정말" 하며 일어나 나간다. 밤에도 퇴근 시간 됐다고 차마 올 수가 없었다며 늘 7시를 지나서 왔다.

아들은 하루 4,370원의 보수는 깡그리 잊은 채 오직 집배원들을 도와야 한다는 생각뿐인 것 같았다. 그렇게 20일간의 일하고 누런 봉투에 달랑하니 87,400원이란 숫자만 갈겨 쓰인 것을 잠시 맡겼다가 기어이 선물을 하겠다는 것이 아닌가. 첫

월급 타면 부모에게 내의 선물한다는 말은 어디서 들었는지 내의를 사겠다기에 식구들 내복은 넉넉하게 있다고 했더니 흡연을 하시는 할머니에겐 솔 담배 한 보루, 아빠에겐 지갑이 낡았다며 지갑을, 엄마에겐 월남치마, 동생에겐 책가방을 선물했는데 아빠에게 저렴한 지갑 선물을 한 게 마음에 걸렸는지 올해는 아르바이트를 시작도 하기 전에 아빠의 스웨터를 사겠다고 한다.

그러나 나는 그리 튼튼한 체격이 아닌 아들이 짧은 기간이나마 고생한 것이 안쓰러워 선물을 하지 말고 용돈으로 쓰라고 했다. 아들의 아침에 하고 간 하얀 마스크와 손이 저녁에 돌아올 때는 까맣고, 12시 가까워야 잠자리에 드는 습관을 무너뜨리고 저녁밥 먹기가 바쁘게 쓰러져 잠이 드는 걸 보면 우편물 홍수 속에서 종일 서서 얼마나 고되게 일하고 왔는가를 알 수가 있다.

흔히들 하기 좋은 말로 학생들이 사회를 배우고 인생을 배운다는 명목을 내걸며 아르바이트를 하지만 부유한 가정의 어느 부모가 자녀를 고생 많고 보수 형편없는 일자리에 내보내며, 부모가 용돈을 후하게 준다면 어느 대학생이 친구 만나고 공부하기도 시간 모자랄 판인데 아르바이트를 할 것인가.

아들은 저 아빠의 한정된 수입에서 이 엄마가 주는 적은 용돈에 쓸 곳은 오죽이나 많으며 사고 싶은 것은 또 얼마나 많겠는가. 천수답 가뭄 타는 논에 가랑비 내리듯 내가 준 용돈은 늘 감질나기만 했을 것이다. 나는 아들에게 한 번도 넉넉하다 싶게 용돈을 주지 않았는데 늘 미안한 듯 받았었다.

아들은 올해도 선물을 하려 했지만 절대로 하지 말라고 단호하게 말하고 내게 맡긴 돈을 돌려주었다. 자신이 번 돈이라고 헛되이 쓰지 않을 것임을 잘 알기에.

감 팔던 날

오늘 감을 팔았다. 계약금을 주고 간 사람이 일요일에 오면 남편도 한몫 거들어 내가 좀 수월할 텐데 올해도 평일에 와서 나를 아주 정신없게 만든다.

우리 집 텃밭 감나무는 열다섯 그루다. 어린나무가 많고 제법 큰 나무도 한 그루 있고 큰 고목도 한 그루 있다. 여름이 되어 "뻐꾹 뻐꾹 뻐뻑국" 뒷산의 뻐꾹새 왈츠 유창하면 감밭은 어~흥 하고 호랑이라도 나올 듯 짙푸르다. 그러다 추석이 가까워지면 감은 볼 붉히기 시작을 하는데 이맘때쯤 감장수가 감을 사러 온다.

지난해는 감을 너무 일찍 따 가기에 물었다. 가을 햇볕에 하루가 다르게 알이 굵고 당도 또한 높은데 왜 이리 일찍 따

가느냐고. 그 대답에 적이 놀랐다. 덜 익은 감을 싣고 가야 서울 가는 도중 멍이 들지 않고 또 감이 쏟아져 나오기 전에 카바이드 약을 넣어 홍시로 둔갑 시켜 판다는 것이다.

올해엔 다른 사람이 감을 샀는데 곶감을 만든다고 한다. 이번 감 장수는 감을 직접 따지 않고 우리에게 따 달라고 미리 부탁했다. 그래 일손 바쁜 추수기인 오늘 어렵게 놉을 얻어 감을 따는데 내가 해야 할 일이 너무 많다.

깨진 감을 주워 바구니에 담아 마당의 멍석에 쏟아 놓는다. 홍시는 터지지 않도록 조심하여 따로 마루로 올려놓는다. 밭이 마당보다 높아 무거운 감 바구니 들고 마당으로 내려가는 일이 어찌나 힘이 들던지. 틈틈이 작은 감나무의 낮은 데 감을 손으로도 따고 높은 데는 대나무 장대로 따기도 한다. 감 따는 사람과 감 장수와 감꼭지 따러 온 아주머니들 그리고 어머님과 내가 먹을 점심 준비와 그 설거지 하느라 종종걸음으로 발등에 불이 날 것 같다.

그러나 중요한 일은 이제부터다. 감을 헤아려 상자에 담는데 이번 감 장수 아저씨는 왜 그리 수다스러운지 모르겠다. 산더미 같은 감 무더기 앞에서 한 손에 두 개 또 한 손에 세 개를 집어 나무 상자에 스무 번을 담으면 나는 그 옆에서 한 자로 바를 정자 작대기 하나 노트에 긋는다. 그게 한 접이다.

그리고 궤짝 가득 감이 차면 궤짝에는 감의 개수를 매직펜으로 기록한다.

그런데 수다스러운 감 장수는 구성진 목소리로 “하나에서 둘이요 둘 하면은 서이고요 서이 다음에는 너이 올시다 엣또 가선에는 너이 하고는 다섯인데에….”

노래 부르듯 하며 감을 담다가 가끔 한 손에 두 개 집어야 할 감을 세 개 집어 담기도 한다. 그러면 나는 “아저씨 여섯 개네요” 하고는 더 들어간 그 감 한 개 상자에서 집어낸다. 그럴 리가 없겠지만 내 정신 헷갈리게 하려고 구성진 소리로 감을 헤아려 담지 않았나 하는 생각이 잠시 스쳐 지나간다. 어쨌거나 부득부득 우겨 접 당 우수 다섯 개씩 주기로 한 걸 마음 아파하신 어머님, 이웃집 성숙이네보다 싼값에 판 걸 알고 또 마음 아파하신 어머님, 한 개씩 더 넣는 걸 모른 체 할 수가 없는 것이다.

“아저씨, 감은 얼마든지 잡수세요, 하지만 한 개씩 더 넣는 건 싫습니다.” 내가 정색을 하고 말하니 감 장수는 “헤헤 아주머니가 아나 모르나 한 번 그래 봤지요” 하고 웃는다. 그래 나도 웃어줄 수밖에.

작업이 끝나고 돈도 건네받고 감 장수 가고 바쁘고 힘든 시간이 가니 남편이 퇴근하여 온다. “그래 감이 몇 접이나 나왔어?" 하고 그가 묻는다. 수고했다는 말 한마디 반드시 있을 법한데 밑천 안 드는 그 말에는 인색을 떨고.

"몰라 이 감 장수 아들 그것만 궁금한가?" 새침하니 말했다.

"내가 감 장수 아들이면 용주 엄마는 감 장수 며느리 아닌가? 하하하" 한다.

그이가 웃으니 나도 덩달아 웃음이 나온다. 그렇게 한바탕 웃으니 오늘의 피로가 가시는 듯하다.

대목장

도로에 접해 있는 상주 적십자병원을 앞으로 해서 삼거리는 애당초 저자 길이 아니다. 우리 지역에서는 고속버스 등 각종 차들이 빈번하게 오가는 제일 넓은 도로이니 저자일 턱이 없다. 그런데 장날만 되면 사람들이 빽빽하게 들어서며 여기에 장이 선다. 주로 농촌 사람들이 가지고 나오는 농작물 장이 선다.

나는 고추는 추석 아래 사야 싸다는 주위 사람들 말에 추석을 일주일 앞둔 오늘 장날 큰 부대를 가지고 적십자병원 앞으로 갔다. '싸게 사려고 고달프게 에누리하며 시간 낭비하지 말고 좋은 것 있으면 퍼뜩 사 와야지. 농사짓는 사람들의 수고에 비해 장 보아 먹는 사람들은 얼마나 편한가.'

그런데 고추전에 가서는 조금 전의 그런 다짐도 오뉴월 팥고물처럼 변하여 이 고추 저 고추 들여다보며 100원이라도 싸게 사려고 땀을 흘리며 온 고추전을 빙빙 돌아다닌다.

시골 살 때 어머님을 따라 힘겹게 고추밭도 매보고 사흘이 안 가 붉게 익어대는 고추를 허리 구부려 땄었다. 그 고추 벌레 먹은 것 가려내는 작업과 건조 시키는 작업은 또 얼마나 힘들었던가.

이른 아침인데도 벌써 장터는 사고파는 사람들로 붐비고 있다. 마른 고추가 제일 많이 나왔다. 좋은 고추를 좀 더 저렴한 가격으로 사려는 사람들과 높은 가격으로 팔려 하는 사람의 입씨름이 벌어지는 가운데 잽싸게 고추를 몰아가는 장사꾼도 있다.

나는 고추를 사러 왔다는 것도 잊은 듯 우두커니 서 있다가 갑자기 거울을 들여다보고 싶은 충동을 느꼈다. 장터 속의 사람들의 얼굴에서 때를 보았기 때문이다. 덕지덕지 묻은 삶의 찌든 때를.

남이 본 내 얼굴에도 때는 묻어 있겠지. 비누 거품 잘 내어 아무리 문질러도 없어지지 않을 삶의 찌던 때. 하루에도 몇 번씩 보는 거울에서 못 본 때, 가계부 적자 기록을 하지 않으려고 아등바등 살아온 인생역정의 때가.

다시 완행버스는 와서 크고 작은 보따리를 든 사람들을 쏟아놓고 떠난다. 장보기 하러 나온 사람들은 다시 그곳으로 우우 몰린다. 그리곤 보따리를 붙들고 한쪽으로 가서 고추며 땅콩 밤 등을 산다.

어디선가 후루루 후루룩 호루라기 소리가 난다. 놀라 돌아보니 아주 앳된 순경이 "시장으로 가요. 시장으로요. 여기는 장이 아니란 말이에요"라고 소리친다. 그러나 사람들은 어느 집 개가 짖나 하고 눈 하나 깜빡이지 않는다. 또 완행버스는 와서 사람들을 토해 놓으니 이젠 뚫고 들어갈 틈도 없다. 순경은 연신 호루라기를 불며 시장으로 가라고 외치지만 사람들은 여전히 관심을 두지 않는다. 열 뻗친 순경, 벌겋게 된 얼굴로 어느 고추 부대 하나 번쩍 들어서는 시장가는 길 쪽으로 탁 놓는다. 그러나 고추 부대 주인은 시장으로 안 가고 그 자리는 잠시 공간이 생겼다가 다시 사람들로 메워진다.

이제 장터는 안전 벌집 같다. 순경은 호루라기 자꾸 불고. 달걀로 바위 치기다.

우리나라의 논과 밭과 산에서 재배한 작물은 다른 어느 나라에서 재배한 작물보다 품질이 좋고 맛도 좋다. 고기나 수산물까지도. 그러기에 외국산 상품을 좋아하는 사람들도 먹거리만큼은 토종 토종 하며 우리 것을 찾는 것이다. 애국하는 마음으로 찾는 게 아니라 맛이 좋으니까 찾는 것이다.

시간이 꽤 흐른 것 같다. 나는 아직도 오늘 사려는 고추를 어리벙벙 못 사고 있다. "아줌마 같은 사람 돈 더 주어도 가게에서 사지 농촌에서 가지고 나오는 것 아무나 붙잡고 못 사지요." 옷집 아주머니 말이 백번 맞다.

나도 순경 속 태워주는 장터 속의 한 사람이란 걸 깨닫자 얼른 달라는 대로 돈 주고 고추 한 부대 사서 집을 향해 발걸음을 종종 떼어놓았다. 산다는 것이 무엇인가를 생각하면서.

병상에서

이중창의 안쪽 문을 열어젖히고 바깥의 투명한 유리의 창눈으로 방 안에 누워서 높고 파란 가을 하늘을 본다. 새털구름이 온 사방에 깔리기도 하고 또 어떤 때는 솜뭉치처럼 탐스럽게 피어오르기도 하는 하늘.

여느 때 같으면 빠른 걸음으로 겨우살이 준비를 위하여 바쁘게 움직이며 또한 짧은 가을을 좀 더 음미하고 싶어 가을 곡식과 가을 과일과 가을 나물들이 풍성한 저자에도 자주 갈 텐데 이렇게 며칠을 방 안에 누워 있어야 하니 답답하기 그지없다.

나는 지극히 평범한 주부다. 이 평범한 주부인 나에게 주어진 일에 열성을 다하며 살면서도 왠지 이것 말고 내가 할 일이 따로 있는 듯한 착각 속에서 가끔 무언가 목말라했다. 밥을 짓고 빨래를 하고 설거지, 청소, 시장 보는 일들이 억울하다는 생각도 하며 여자로 태어난 걸 한스러워하기도 했다.

그런데 얼마 전 나는 비몽사몽 높은 열로 끙끙 앓다가 입원하고 퇴원하는 소동을 피웠다. 급성 신우신염이라 했다. 퇴원을 한 뒤에도 집안일하지 말고 한동안 누워서 지내라는 의사의 권유에 억울하다고 느꼈던 일을 안 해도 되었다.

몸이 아파 아무 일을 안 해도 나무라는 사람 없이 누워 있고 보니 이때까지의 생각들이 얼마나 그릇된 생각이었는지를 깨닫게 되었다. 나 혼자 하던 일을 남편과 아들, 딸 셋이 하는데도 너무 힘들어하는 것이다. 청소를 한다는 게 어질더분한 것을 눈에 안 보이는 구석으로 밀어 넣고 쑤셔 박는 것이고 걸레질을 한 방이며 마루는 먼지가 남아 있다.

그이나 애들이나 밥은 잘 짓는 편인데 반찬은 만들지 못한다. 연탄불은 또 어찌도 그리 자주 꺼트리는지 집안에서는 착화탄 냄새가 진동하기 일쑤다. 힘들어하는 남편이고 웃음을 잃은 얼굴로 풀이 죽어 있는 애들이다. 시간을 돈같이 귀중하게 여기며 공부해야 할 고3 아들이 옷을 손빨래하여 넌다. 아침 설거지를 해 놓고 지각할세라 허둥대며 학교 가는 중2 딸이다. 그런 아이들을 보며 내가 참으로 소중한 가족의 일원임을 깨닫는다.

일을 하고 싶다. 쓸고 닦고 정리 정돈을 하고 싶고 시장에 나가 장바구니 가득 찬 거리를 사 와서 식탁을 꾸미는 일은 더욱 하고 싶다. 그건 나의 본분인 것을. 그 본분을 팽개치고 육신의 고통과 함께 누워지내야 하니 마음도 불편하다.

몸이 아프면 본인이 불편하고 고통스러운 건 말할 것도 없지만 가족에게 너무 큰 피해를 주는 것이다.

어서 털고 일어나리라. 내 인생 여정의 어두운 터널에서 빠져나가리라. 다시는 이런 터널이 오지 않기를 바라며 얼굴에 곱게 화장하고 예쁜 옷 입고 시장을 보아오리라. 송이버섯 사다가 산적을 굽고 소고기 사서는 무, 대파 넣고 국을 끓여서 가을 미각 돋우는 식탁을 꾸며 나 때문에 고생한 우리 가족에게 웃음을 선사해야겠다.

아들의 편지

엄마, 아빠께.

제가 편지로는 처음으로 아빠라고 불러 보는 것 같군요. 아빠라고 쓰는 것이 왠지 수줍게 느껴져서 그동안 아버지라고 썼는데 역시 그동안 아빠라고 불렀듯이 아빠라고 쓰는 게 자연스러운 것 같습니다.

그동안 할머니, 엄마, 아빠 몸 건강하시며 명주도 학교 잘 다고 있는지 궁금합니다. 저는 이곳에서 몸 건강히 잘 지내고 있습니다.

오늘 오후에는 그동안 밀린 빨래를 하여 옥상에 널려고 올라갔더니 초여름의 햇빛이 너무나도 좋았습니다. 서울서도 이런 햇빛을 다 볼 수 있구나 싶은 게 신기하기까지 하였습니다. 종일 내내 햇빛 한 번 못 보고 지내던 저는 상주에서는 평범하게 느끼던 그 햇빛이 신기하기까지 하였습니다.

엄마!

저는 요즘 엄마의 그동안의 노고를 새삼 느낍니다. 남방이나 바지 두 개만 빨아도 팔이 아픈데 우리 가족들의 뒷바라지를 위해 혼자 수고해 오셨으니 고맙고 죄송한 마음이 듭니다. 사람은 가정을 떠나봐야지만 그 고마움을 안다는 말이 사실인 것 같습니다.

엄마! 아빠!

오늘 옥상에서 하늘을 바라보다가 보고 싶은 얼굴들에 눈시울이 적셔졌습니다. 할머니, 아빠, 엄마, 명주 너무나도 보고 싶습니다. 이렇게 떨어져 있으니까 정말 가족들이 제게 얼마나 소중한 존재인가를 느낍니다. 저번 일요일 날 집에 다녀온 형수가 저 엄마의 얼굴에 주름살이 더 늘었다며 우울해하여 저까지 집 생각이 나서 울적했습니다.

이곳 종로학원에서의 학습 분위기는 살벌합니다. 지나친 경쟁의식에 저 자신 감당할 수 있을까 하는 생각이 들고 제가 이때까지 우물 안 개구리 식의 생활을 해 왔다는 생각도 듭니다. 하지만 열심히 하는 것만이 제가 할 최상의 길이기에 열심히 공부하겠습니다.

엄마, 아빠 몸 건강하세요. 그리고 할머니께도 제가 꼭 건강하시라 그러더라고 전해주세요.

그럼 오늘은 이만 줄이겠습니다.

서울에서 용주 드림.

딸의 편지

사랑하는 엄마!

네 번째 맞는 서울의 밤입니다. 그동안 너무나도 바빴고 마음의 여유마저 없어 한 통의 전화도 못 드린 제가 오늘 밤 이렇게 엄마에게 편지를 씁니다.

지금 제가 있는 곳 창밖의 어스름은 엄마의 저에 대한 걱정의 빛이고 부슬부슬 내리는 빗소리는 엄마의 걱정의 소리인 것 같습니다.

갑자기 보고 싶은 엄마, 그리고 아빠.

제가 처음 이곳에 오기로 했을 때 엄마와 아빠는 그런 결정을 제멋대로 했다고 꾸중을 하셨습니다. 하지만 저는 그저 캠핑이라도 떠나듯 그렇게 이곳을 찾아왔습니다. 그런 저에게 지난 며칠간은 너무도 힘들었습니다. 새벽 1시 취침, 5시 40분 기상, 매일매일의 딱딱한 강의, 그리고 너무나 힘들고 부담 가는 암기, 훈련 등. 더구나 오늘은 최전방을 방문한 다음 15km나 걸어와야 했습니다.

저의 이 말에 엄마 아빠는 이렇게 말씀하실지도 모릅니다.
"그것 봐라. 멋대로 결정해서 그렇게 고생만 하고…."

물론 저는 고생을 했습니다. 때로는 괜히 이곳에 왔다는 생각도 해 보곤 했습니다. 그러나 고생한 정도에 비례하게 저는 많은 것을 배웠습니다. 규칙적인 일과 생활을 통해 규칙성을 배웠고 딱딱한 강의였지만 저에게 많은 것을 가르쳐 주었으며 특히 한국인임에 대한 긍지도 느끼게 해 주었습니다. 암기 훈련은 너무도 힘들어 '보람 있었다'라고 말하기도 싫은 심정이지만 그 나름대로 거기에서 인내를 배운 것은 사실입니다. 특히 오늘의 도보 훈련은 '나도 할 수 있다'는 의지를 심어준 귀한 것이었습니다.

또 특히 제가 여기에 와서 얻은 귀중한 것은 여러 친구를 사귀게 되었다는 것입니다. 물론 저희 수련 반 친구들밖에 모르지만요. 한 수련반에 남자 11명, 여자 7명으로 되어 있는데 처음에는 서먹서먹했어요. 그러나 지금은 정말 분위기가 좋아요. 서로 스스럼없이 이야기도 하고요. 아마 헤어질 때는 악수 정도는 하고 헤어질 수 있을 것 같아요.

아무튼, 여기서 사귄 친구들 모두 다 좋은 애들이에요. 전 지금 행복해요. 그런데 내일 암기 시험이 있어 무척 불안하기도 합니다.

참 마지막으로 한 가지 말씀드릴 게 있어요. 어제 분임 토의 시간에는 존경하는 인물을 소개하는 난이 있었는데 저는 엄마를 쓰며 엄마를 소개하며 울먹였습니다.

엄마! 이때까지의 제 불효 정말 정말 죄송합니다. 이런 말을 한다고 해서 집에 간 후의 제 행동이 효녀의 행동이 되리라곤 자신할 수 없습니다. 하지만 전 항상 엄마를 사랑하고 존경한다는 것을 잊지 마세요.

엄마의 딸 명주가 8월 20일 밤 10시 45분에 그리움에 가득 차 편지 씁니다.

명주 올림.

목화밭에서

초겨울로 접어들었는데 봄 날씨처럼 따뜻하다. 운동을 목적하고 자전거 페달을 밟으며 시골길을 달렸다. 풍요롭던 가을 들판도 몇 무더기 볏짚이 쌓였을 뿐 허허로운 벌판이 되었고 먼지를 일으키며 차가 지나간 하얀 신작로엔 짚을 가득 실은 경운기가 털털거리며 달려가고 있다. 고고하게 피어있던 구절초도 초라해 보이는데 갈대가 흔들 춤을 추는 들판 저만치에 하얀 목화가 탐스럽다. 자전거에서 내려 목화밭 가로 갔다.

내가 아주 어렸을 때 마을 앞에 있는 우리 밭 한쪽엔 늘 목화 재배를 했다. 나는 심심하면 목화밭에 가서 도토리 크기의 다래를 따서 잘강잘강 씹어서 달짝지근한 물을 삼키며 껌을 만들곤 했다.

다래가 커서 목화가 되면 어머니는 그 하얀 송이를 발라 앞 마루 가득 펴 넌다. 목화 속 까만 씨가 오도독 소리가 나도록 건조되면 나무쐐기에 목화 한 송이씩 넣어 씨를 발라내는데 어머니가 주로 하시고 오빠들이 거들기도 했다. 그렇게 씨를 뺀 목화가 읍내로 가서 커다란 솜뭉치가 되어 오면 어머니는 마을 아낙들을 한방 모아놓고 솜을 조금씩 떼어 수수깡에 비벼 말게 한다. 양초 모양의 고치가 함지박에 수북하게 쌓인다. 그때 비좁은 방 한쪽 구석에서 얻어듣는 동네방네 이야기는 내 졸음을 달아나게 했고 동치미와 먹는 호박 시루떡 밤참은 덩달아 맛 좋았다.

함지박의 고치로 어머니는 긴 겨울밤이 이슥하도록 물레를 자아셨다. 위잉 위잉 위잉 물레를 잣는 어머니 옆에서 잠이 들어 한잠 자고 눈을 뜨면 그때까지도 물레를 잣는 어머니, 나는 그 물레 소리를 자장가처럼 들으며 또 스르르 잠들곤 하였다.

물레로 하여 고치가 꾸리실이 되면 베틀에 앉아 베를 짠다. 어머니는 어디에선가 본 베틀노래를 베껴서 베 짤 때 읽어달라 하셨는데 여러 번 읽어드리다 보니 외우게 되었다.

'하늘에다 베틀 놓고 구름에다 잉아 걸고
안개 속에 꾸리 삶아 들고 쨍쨍 놓고 쨍쨍
횡경나무 마구리는 걸려서도 소리난다….

어머니가 물레를 돌리거나 베를 짤 때면 이 베틀노래 가사를 불러 드렸더니 어머니도 외워서 멋대로의 곡을 붙여 노래 부르듯 읊조리시곤 했다. 그런데 언젠가부터 베틀, 쐐기가 우리 집에서 없어졌고 밭에 목화도 가꾸지 않았다. 뒷산 양지바른 언덕에 잘라서 널어놓은 목화 나무에서 하얗게 목화가 피어나는 목가적 풍경도 볼 수 없었다.

이젠 아무도 목화 재배를 하지 않는다고 생각했는데 목화밭을 보니 여간 반갑지 않았다. 너무나 신기하여 한참 서서 보았고 나는 잠시 옛 추억에 잠겼다.

토시

알맞게 절인 배추에 양념을 섞어 버무리는데 걷어 올린 블라우스 소매가 자꾸만 내려와 퍽 신경이 쓰였다. 양념 묻은 손으로 옷소매를 걷어 올리다가 딸이 쓰던 토시 생각이 나서 방으로 들어가 그 토시를 끼고 김치를 담는데 그 토시가 헐렁한데다 고무줄도 헐거워 스르르 손목으로 몰리는 게 아닌가.

딸아이가 고 3이 되자 소매가 책상에 닿아 옷소매에 때가 탄다며 토시를 사 달라 했다. 나는 그깟 토시 만들면 되지 살 게 뭐 있나 싶었다. 그리하여 고운 천을 골라 밤 이슥하도록 바늘로 꿰매고 그 부분 올 터진다고 다시 뒤집어 꿰매어 토시 두 개를 만들어 주었다. 그런데 며칠도 못 가 딸은

"엄마, 내 토시만 보면 애들이 막 웃어요. 한번 껴보자고 야단들이에요."

저도 우스운지 살짝 웃으며 그러나 못마땅한 듯이 말했다.

"아이 그럼 줘 봐. 껴보고 실컷 웃게. 그런데 웃긴 왜 웃는다더냐? 돈 주고 사는 것만이 능사인 줄 알고 툭하면 시장에 쪼르르 가서 사는 요즘 세상에 네 토시는 그런 토시와는 비교할 수 없는 엄마의 사랑이 담긴 토시란다. 또 웃거든 그렇게 말해."

아이는 불만이면서도 그 토시를 가지고 다니더니 며칠 뒤.

"엄마! 토시 한 개에 3백 원 한대요. 애들이 내 토시만 보면 우습데요. 애들이 웃어서 싫어요."

이번에는 응석까지 부리며 말한다. 나는 이번에도 사 준다는 말을 안 하고 알뜰 논을 폈다.

"사람은 모름지기 적은 돈 쓰임에 신중해야 한단다. 그깟 3백 원 하겠지만 집에서 만들어 쓸 수 있는 건 3십 원짜리라도 만들어 사용하는 게 현명한 생활방법이야."

나는 절약을 실천하며 살았다. 제재소에서 잘리어 나간 나무판때기를 얻어다가 톱질 못질을 하여 책꽂이를 만들어 도배지로 발라 사용했고 냄비 뚜껑이 떨어져 나가면 치약 뚜껑을 끼워서 썼고 연탄집게가 삭아서 떨어지면 가는 철사로 감아서 사용했다. 애들이 초등학교 때는 공책의 표지 안까지 줄을 그어 쓰게 하였다. 그런 엄마를 보며 자란 딸아이는 '엄마가 어떤 엄마인데' 싶었는지 더는 토시 타령을 하지 않았다. 친구들도 웃다가 지쳐 더는 웃지 않는가 보다 생각했다.

그리고 두어 달이 지났다. 시장길 리어카에서 양말 속옷 등과 함께 한 묶음의 다양한 색상의 토시가 보였다. 나는 두 번이나 토시를 사 달라고 하다가 체념한 딸 생각이 나서 한 쌍의 토시를 샀다. 그날 밤 딸아이는 그 3백 원짜리 토시를 들고 얼마나 좋아하던지. 진즉 안 사 준 게 후회가 되었다.

토시로 하여 마음의 상처를 받지 않았을까 은근 걱정도 했는데 친구들과 어쩌면 선생님들에게도 웃음거리가 되었을 이상한 토시를 끼고 공부한 딸, 지난번 모의고사에서 인문계 전체에서 3등, 반에서 1등을 하여 고마웠다. 중학교 입학 때 전체 1등 성적으로 대통령 영부인이 주는 장학금을 받았는데 '그 돈 어디 다 쓰고 토시 하나 안 주냐'는 말 한번 할 법한데 아니하여 또 고마웠다.

안 사고 절약하며 생활하는 것도 좋지만 지나친 절약은 삼가야겠다고 딸아이가 토시를 받고 좋아하는 모습을 보고 다짐했다.

2

상주 장날

제2집 『그 산에 들국화』 중에서

우리 절은 한 번만

빈자에게도 부자에게도 고루 내려 주던 하늘의 태양이 서산으로 자취를 감춥니다. 서늘한 바람이 일고 뜰앞의 오동나무 커다란 이파리는 너울춤을 춥니다.

심호흡하여 상큼한 공기를 폐부 깊숙이 몰아넣노라니 저 북녘 하늘 어디에선가 설움을 소화하고 계실 아버지, 아니 돌아가셔서 한 줌 흙이 되셨을 가능성이 더욱 짙은 아버지 생각이 납니다.

아버지는 제2대 국회의원이셨습니다. 그러나 6.25전쟁이 일어났을 때 아버지는 피신할 사이도 없이 북괴군에 의해 납치당하셨습니다. 우리 식구들은 아버지 소식 몰라 애를 태우다가 나중에야 북한으로 납치되셨다는 신문 기사가 나서 알게 되었습니다. 납북자 중엔 소설가 이광수, 국문학자 정인보 등 다른 유명 인사들도 많고 국회의원은 스물일곱 명이라고 했습니다.

사과나무와 복숭아나무도 있고 노란 배와 20세기 연두색 배도 열리는 배나무가 많은 동네 앞 우리 집 큰 과수원은 선거 자금으로 인한 빚을 갚는다고 큰아버지와 작은아버지께서 팔았습니다. 과수원 입구 작은 초가에서 과수원 관리를 하시는 맘씨 좋은 아저씨, 그리고 아줌마, 우리 집에 와서 잡일 많이 해 주셨는데 더는 오지 않았습니다. 부엌일 도우미 언니도 내보냈습니다.

6년제 서울 경성여자사범학교(국립서울대학교 사범대학 부속중학교로 명칭 바뀜)를 4학년에서 더는 다닐 수가 없어 집으로 온 큰언니. 눈물로 나날을 보내다가 준교사 시험에 1등으로 합격하였고 열아홉 갈래머리 앳된 선생님이 되어 우리 집 가장 역할을 했습니다. 다른 사람은 면 단위로 발령을 받았으나 언니는 1등이어서 시내 학교로 발령이 났고 몇 년 뒤 정교사가 되었습니다.

어머니는 밥도 설거지도 혼자 하고 앞 밭에 나가서 호미질도 했습니다. 고무줄 바지 입고 이웃 엄마들 먼 데 산으로 쑥이며 산나물 뜯으러 가는데도 따라갔습니다.

주위 사람들은 어머니를 강인한 여자라고 했습니다. 눈물을 보이지 않는다고요. 그러나 어머니는 강인하지 않았습니다. 나는 보았습니다. 그리고 들었습니다. 밤마다 몰래몰래 소리 죽여 우는 문 쪽의 어머니를요. 어머니가 밤마다 운다는 걸 우리 7남매 중 나만 압니다. 어머니 옆에 붙어 자는 두 동생은 너무 어려 모르고 두 언니 두 오빠는 다른 방에서 자기에 모릅니다.

우리 집 불행 내 알 바 아니란 듯 무심한 세월은 잘도 갔습니다. 우리는 언젠가부터 아버지가 살아 계시기보다 돌아가셨을 거라는 데에 무게를 더 두었습니다. 그런데 강산이 두 번 변하는 세월이 흐르고 난 뒤에야 큰오빠가 아버지의 생신날에 제사를 지내자고 말했습니다. 그리하여 아버지의 아들과 딸들은 아버지 생신날에 아버지 사시던 어머니 집에 모였습니다. 서로 흩어져 살아서 보고 싶어 하던 남매들, 오랜만에 만나서 떠들썩 웃음소리가 담 밖으로 나갈 법하건만 말들이 없습니다. 아버지 생사를 모른 채 제사를 지내야 하는 우리들의 가슴은 납덩어리를 얹어 놓은 듯 무거웠습니다. 아버지의 사랑을 제일 많이 받은 큰언니는 자꾸 침을 삼킵니다. 나오려는 눈물을 삼키느라 그러나 봅니다. 울음 터지면 모두가 펑펑 울지도 모르니 참나 봅니다. 어두운 얼굴들입니다. 무거운 침묵 속에서 제사상에 진설할 음식을 장만했습니다. 드디어 우리 모두 제사상 앞에 섰습니다. 조율시이, 홍동백서 등 정성 들여 차려 놓은 첫 제사상 앞에서 절하려는데 작은아버지가 갑자기 "아버지는 살아계실 테니까 우리 절은 한 번만 하자 응" 하셨습니다.

절을 한 번만 하자 하시니 놀랐습니다. 그런데 두 번 하자고 하는 사람 아무도 없습니다. 큰언니도 큰오빠도 침묵입니다. 제사상 차려 놓고 절을 한 번 하다니요. 그러나 절을 한 번만 했습니다. 살아계시지 않을 것이라 싶으면서도 살아계시리라 믿고 싶은 작은아버지의 심정은 우리와 같았으니까요.

한 가정의 주부로 두 아이의 엄마로 분망하게 살다 보니 나는 아버지를 잊고 지낼 때가 많았습니다. 아버지와의 추억이 없고 얼굴마저 기억에 희미하여서일까? 아니면 세월이 안겨다 준 그 망각이란 약 탓인지. 그러나 해마다 아버지 생신날이 든 5월과 6.25의 6월이 오면 아버지 향한 그리움이 밀물처럼 밀려와 제 작은 가슴을 적셔주곤 합니다. 또 추석날은 조상의 산소에 성묘도 하는 날이니만큼 아버지 생각이 더욱 납니다. 예부터 보리 씨를 내다 버린다는 추석, 살기 좋아진 요즘에 먹을 게 많아 크게 즐거울 수는 없습니다. 그래도 오곡백과 풍성하고 기후 알맞은 추석날은 멀리서도 고향을 찾고 성묘를 하는데 선산에는 아버지의 무덤이 없으니 즐거워야 할 추석은 아버지 생신날만큼 슬픕니다.

올해도 아버지 생신날이 다가옵니다. 작은아버지께서 어쩌면 이번에는 아버지 제사상 앞에서 '우리 절은 한 번만 하자' 하시지 않을 것이란 생각이 듭니다.

닭

"꼬끼오."

이른 새벽의 닭 울음소리에 잠이 깬다.

새벽 단잠을 깨우는 것 중에는 골목을 지나가며 야옹 하는 고양이의 울음소리, 옆집 개 짖는 소리 등이 있는데 그럴 때면 기분 나쁘고 짜증스러워 더 듣지 않을 셈으로 이불을 귀 밑까지 끌어당기는데 닭 울음소리는 더 들려오기를 기대하며 귀를 기울이기까지 한다.

골목을 들어서서 우리 집에 오다 보면 옆집에 가려 잘 안 보이는 오두막 한 채가 있다. 그 집에 허리가 구부정한 할아버지 한 분이 사시는데 허름한 닭장에다 병아리 몇 마리를 기르시더니 어느덧 그 병아리들이 커서 어느 날부터 나의 새벽잠을 깨우는 것이다.

요즘에는 시골에서도 닭을 놓아 기르는 집이 없는데 시내 한가운데서 고요한 새벽의 정적을 깨는 꼬끼오 소리는 이른 아침 까치들의 지저귐 만큼이나 내 마음을 기쁘게 하며 밝은 하루가 전개될 것만 같다.

자랄 때 우리 집에서 기르는 돼지, 개, 닭의 가축 중에 닭은 우리 가족들에게 그다지 사랑을 받지 못한 것 같다. 놓아 길러 말썽을 일으켜 그렇기도 했겠지만 놓아 기르기는 개도 마찬가지였는데 닭을 많이 미워했다.

깨끗이 비질한 마당에 멍석 펴서 곡식 널어놓고 엄마는 나에게 닭 잘 보라는 당부를 하고는 들에, 또는 장에 가시곤 했다. 닭 보는 일은 정말 싫었다. 마당에 곡식을 널어놓은 날은 요놈의 닭들이 잘 나가는 마실도 안 가는 것이다. 닭들은 조그만 나를 아주 얕잡아 보았다. 내가 한눈이라도 팔면 귀신같이 알고 멍석으로 달려와 곡식을 아귀같이 먹어대는 것이다. 그렇게 먹기만 하면 좋으련만 꼭 두 발로 뻗어 제쳐 곡식이 멍석 밖으로 나가게 하는가 하면 똥까지 찔끔 싸 놓으니 어찌 밉지 않겠는가. 그뿐이 아니다. 내가 마루에 앉아 밥을 먹을라치면 덩치 큰 수탉은 마루로 올라와 내 밥을 쪼아먹으려 했다. 그런데 이 미운 닭들에게 나는 수도 없이 절을 해야 했으니 이 무슨 조화인가.

그때는 왜 그렇게 밤 볼일이 보고 싶었는지 알 수가 없다. 밖은 캄캄하여 소나무 우거진 뒷산이 무서웠고 거기서 내려온 호랑이가 변소 앞에 앉아 있을 것만 같았다. 그래서 자는 엄마를 깨워 "엄마 똥" 했다. 엄마는 내가 볼일 볼 동안 밖에 섰다가 닭장 앞으로 나를 데리고 가 닭들에게 절을 시켰다. '닭이 밤 똥 누지 사람이 밤 똥 누나? 다시는 밤 똥 안 누게 해 주시오' 주문까지 외우게 하며. 절하는 것보다 주문이 더 싫었다. 싫다고 하면 엄마는 다시는 밤 똥 마려울 때 안 데리고 간다며 엄포를 놓아 어쩔 수 없이 시키는 대로 했다.

춘궁기나 보릿고개는 사람에게만 있는 게 아니다. 닭도 함께 그 아픈 고개를 넘기는 것이다. 그러나 닭이 제일로 배고픈 달은 보리 식량도 바닥이 나려 하고 벼도 푸릇푸릇해 풋바심으로 초련 식량 장만하기에도 이른 음력 7월이다.

이때의 닭들은 내쫓지 않아도 꼭 바람난 계집애처럼 집 밖으로 자주 나간다. 허기진 배를 채우기 위해 뒷산으로 원정가는 것이다. 거기에는 풀잎이며 벌레들이 제법 있고 이웃집 닭들도 모여드니 해지는 줄 모르고 노는 것이다. 산에서 만난 닭들은 "요즘 댁의 식량은 어떻소?" "아직 콩은 안 먹소"

이런 대화를 한다고 엄마가 말해 주셨다.

닭들에게 있어 콩은 사람이 피죽 싫은 것만큼이나 싫은 곡식이라고 한다. 이 시기의 닭들은 콩이라도 있으면 허겁지겁 먹을 판이라고. 그러나 집에서야 그럴진대 밖에서 '콩이라도 먹겠소'라고 하기는 자존심 상해서 아직 콩은 안 먹는다고 한다는 것이다.

요즘은 토종닭들이 멸종된 모양이다. 텔레비전에서 취재팀들이 토종닭과 난쟁이 보리 등을 찾아 시골 구석구석을 누리는 것을 보았다. 멸종된 뒤에 아쉬워하며 찾아다니면 뭐 하나 싶다. 미리 우리의 종자를 보존하자는 캠페인이라도 벌이지 않으면서.

나는 내일 새벽에도 정적을 타고 들려올 꼬끼오 소리를 들으며 잠을 깰 것이고 그러면 밝아올 하루를 즐거운 마음으로 맞을 것이다.

전화

어느 날 딸아이의 친구 집에 전화 한 통이 걸려 왔다고 한다. 남자가 시청 수도과라며 수돗물이 안 나와서 그러니 지금 수돗물이 나오는지 확인 좀 해 달라고 하더라 한다. 친구는 잠시 기다리라며 부엌에 가서 수도꼭지를 틀어보니 물이 나오는지라 다시 수화기를 들고 물 나온다고 친절히 말해 주었다고 한다. 그런데 저쪽에서 알았다는 응답이 아니라 "수돗물에 발 닦고 잠이나 자" 하고는 전화를 짤깍 끊더라는 것이다.

어이없이 놀림을 당한 친구, 화가 나서 씩씩거리다가 자신도 누구에게라도 되받아주어야겠다 싶어 전화번호부 책을 펴서 인명 난을 훑어보았다고 한다. 그 친구 눈길이 이방구란 이름에 머물렀고 그 번호로 전화를 걸어 이방구임을 확인한 다음 “뽀옹” 하고는 수화기를 놓으니 마음이 한결 누그러지더라는 것이다. 종로에서 뺨 맞고 한강에서 눈 흘긴 격이다.

몇 년 전까지만 해도 전화기의 색이 검은색, 흰색 두 가지였는데 요즘은 빨간색도 있고 모양도 다양하다. 그런데 처음 전화를 놓을 그때 청색전화 백색전화 하기에 흰색 전화는 백색전화라 하면서 검은색 전화를 왜 청색전화라고 하는지 이상하여 남편에게 물었다. 이에 남편은 흰색이니 청색이니 그런 건 전화기 색깔이 아님을 가르쳐 주었다. 즉 전화국에 비치해 있는 흰색의 원부에는 전화기를 개인끼리 사고판 명단을 기록해 두고 파란색의 원부에는 전화를 사고팔 수 없는 가입자 명단을 기록해 두었으므로 그렇게 부른다는 것이다.

전화를 놓고 싶어도 놓을 수 없고 신청을 한 뒤에도 순위를 세월없이 기다려야 하는 때, 전화 놓기 하늘의 별 따기만큼이나 힘들었던 그때 개인끼리 사고팔 수 있고 재산 목록 2, 3호쯤으로 끼일 수 있는 백색전화는 돈 없고 전화 없는 사람들, 순위를 마냥 기다려야 하는 사람들에게는 그림의 떡이요 못 오를 나무였다.

요즘 우리 애들은 우리 집 전화기가 창피하다며 바꾸자고 한다. 어느 날 딸의 친구가 우리 집에 온 날이었다. 딸은 친구가 혹시 자기 집에 전화하려고 안방으로 올지 모른다며 전화기 창피하다며 전전긍긍했다. 그런가 하면 아들은 전국 경제인 연합회 여의도 회관에 가 보니까 우리 집의 전화기와 꼭 같은 것이 우리나라 최초의 다이얼식 전화기로 진열장에 전시품으로 있더라며 허허 웃었다. 내 한 친구도 우리 집에 올 때마다 전화기 안 바꾼다고 핀잔이 여간 아니다.

새마을 사업이 한창일 때 우리가 살던 동네도 예외는 아니었다. 초가 일색의 지붕들이 기와나 슬래브로 바뀌고 흙담이 시멘트 블록담으로 바뀌어 내가 마치 도시인이 된 듯한 착각 속에서 설레어 있을 때, 때를 같이 하여 고만고만하게 납작한 집들의 마을 앞에 위풍도 당당하게 키 큰 전봇대가 서고 전화선이 연결되고 윤기 좌르르 도는 까만 전화기가 떡 하니 놓였다. 그때의 좋은 기분과 설레는 가슴 정말 대단했었다.

지금 15년 된 우리 집 까만 전화기는 아닌 게 아니라 고풍스럽긴 하다. 이제 시대는 패션, 컬러, 스피드 시대이고 보니 애들이 모양 좋고 색깔 예쁘고 번호 눌러 빨리 신호 가는 신형 전화기로 바꾸자는 요구를 어찌 안 하겠는가. 오랜 세월 한 번도 고장이 안 났고 소리가 커서 옥상에서도 전화벨 소리를 쉽게 들을 수 있고 내팽개치지 않으면 평생 써도 고장이 안 난다는 전화기이지만 구식이라는 이유 하나로 이별을 해야 할 것 같다. 그러면 저 전화기는 완전 쓸모없는 물건이 되겠지. 골동품이 되어 우리 집 어느 한 곳에 장식품으로 모셔지겠지. 얼마든지 일할 수 있는데도 나이 많다고 밀려난 노인을 보듯 나는 연민 어린 눈으로 바라볼 것 같다. 저 구형 까만 전화기를.

수돗물에 발 닦고 잠 잘 자라는 등의 장난질 한 남자, 심심은 한데 전화할 데가 어지간히도 없었나 보았다.

땐 굴뚝

조청을 만들었다. 찹쌀로 밥을 고슬고슬하게 지어 보온밥통에 펴 담고 엿기름을 걸러 부어 하룻밤 삭혔다. 그것을 면자루에 부어 짜서는 찜통에 부어 가스 불에 서서히 달였다. 찐득하고도 달콤한 조청이 되었을 때 불을 끄고 식혀 주둥이 넓은 유리병에 담았다.

음식을 만들면서 단맛을 내야 할 때 설탕을 넣지 않고 조청을 쓴다. 고추장이야 당연히 조청을 만들어 담그고 멸치볶음이나 북어조림 등을 만들 때도 꼭 조청을 쓴다. 그래서 조청은 간장이나 고춧가루처럼 우리 집에서 없어서 안 될 주요 식품이다.

친정어머니도 시어머님도 설이 다가오면 조청을 만드셨다.

큰 솥에 밥을 지어 엿기름물로 삭힐 때 불기운 돌아 솥이 식지 않도록 밤잠 설쳐가며 몇 차례 부엌에 나가 아궁이에 왕겨를 던지곤 하셨다. 밥알 동동 뜨면 무거운 솥뚜껑 뒤집어 3분의 2쯤 덮고 그 위에다 삭힌 엿밥 자루 얹어서 이리 불룩 저리 불룩 눌러 짜서는 장작불 약하게 지펴 서서히 달이셨다. 그래서 나는 조청은 가마솥 아니면 고을 수 없다고 생각했었는데 이젠 가스불에 조청을 고은다. 그런데 어느 날 나는 한 지인으로부터 충격적인 말을 들었다. 그 지인 친구가 일하는 엿 공장엘 갔는데 거기 붉은색의 플라스틱 바가지와 큰 다라를 많이 씻어 엎어 놓았더라 한다. 그게 이상하여 이유를 물으니 은밀히 말해 주더라 하였다. 물엿이 더욱 찐득하고 윤기가 나게 엿 고을 때 그 플라스틱 그릇들을 넣는다고.

그 지인은 믿어지지 않는다고 했다. 나도 당연히 믿기지 않았다. 저녁에 식구들에게 그 플라스틱 조청 이야기를 했다. '어머 그래?' 하며 놀랄 줄 알았던 남편과 두 애들은 태연했다. 유해 식품이 판치는 세상에 그게 뭐 놀랄 일이라고 그러는가 했더니 말 같지도 않은 말을 들었다며 시큰둥했다. 위생 검사 품질 검사를 엄격히 받을 텐데 그런 짓을 할 수 있겠냐고 한다. 나도 '본 제품은 방부제나 유해 색소를 전혀 사용하지 않은 좋은 제품입니다' '만일 본 제품에 이상이 있을

시는 경제기획원 고시에 의거하여 구입처 또는 영업소에서 교환해 드립니다'라고 글자 선명하게 인쇄된 내가 구매했던 조청이 유해 식품이라고 생각하고 싶지 않다. 그런데도 한 가닥 의심을 떨쳐버릴 수 없는 것은 불량식품에 대한 끔찍끔찍한 사건들의 보도를 너무나 자주 대해 왔기 때문이다.

서민들이 즐겨 먹는 콩나물을 연하게, 잔발 안 나게, 썩지 않도록 맹독성 농약을 주어 길렀다는 보도는 얼마나 여러 번 접해 왔던가. 중국산 대추에 공업용 왁스를 뿌려 윤기 나도록 하고 중국산 좁쌀을 우리 농산물로 속이기 위하여 유해 색소를 뿌리고 두부를 만드는 과정에서 콩물이 넘지 않도록 횟가루를 넣은 사건도 있었지 않았던가. 인체에 해로운 유해 색소의 고춧가루가 시판되고 순대를 만들 때 비닐을 넣는 사건도 있었는가 하면 수입산 밀에 맹독성 농약을 살포하고, 수은, 납, 카드늄이 검출되는 농약 착색제를 포도가 빨리 익도록 포도에 살포한 농민이 있는 현실이지 않은가. 그런즉 조청을 만들면서 플라스틱 그릇 몇 개 넣는 것이 뭐 그리 놀랄 일인가 싶기도 하다. 안 땐 굴뚝에서 연기 안 나고 땐 굴뚝에서 연기 나는 법, 어느 무허가 엿 공장에서 조청의 재료인 쌀 맥아를 소량으로 하면서 조청의 양을 늘리려고 그런 천인공노할 일을 했을 거란 생각이 든다. 어느 의사는 인간이 앓고 있는 질병이 모두 음식에서 오는 '식원병'이라고 했다. 몸에 이롭지 못한 음식을 안 먹으면 질병을 예방할 수 있다는 것이다.

옛날에는 음식을 먹는 데에 있어 선택이 있을 수가 없었다. 아침에는 보리밥을 먹고 점심에는 수제비국을 먹고 저녁에는 나물죽을 먹어야 하는 등의, 그러나 지금은 얼마든지 음식을 선택해서 먹을 수 있는 시대다. 그런데도 옛날과는 달리 질병이 흔하다. 돈을 벌기 위해서는 사람의 목숨이야 어떻게 되든 수단과 방법을 가리지 않는 악덕 기업인, 악덕 상인, 악덕 농민이 있기 때문이 아니겠는가.

식품을 구매할 때마다 이것이 유해 식품이 아닐까 의심을 하고 유통기한을 다시 찍지 않았을까도 의심을 하는 일은 피곤하고 슬픈 일이다.

나도 우리 식구들처럼 조청이 빨간 플라스틱 그릇을 넣어 달인 게 아니라고 믿으면서도 조청을 손수 만들었다. 내가 할 수 있는 건 뭐든지 직접 만들겠다고 결심했다. 바쁘다는 핑계로, 편하게 살자는 안일주의로 돈 쥐고 나가 사는 것만이 능사가 아님을 명심해야겠다.

건강하게 살려면 옛날 방식으로 살아야 함을 생각하게 하는 요즘이다.

상주 장날

오늘은 상주 장날이다. 늘어난 슈퍼마켓, 농협 축협의 연쇄점이 있어 거기엘 가기도 하는데 나는 장날을 택해 장에 가서 장 보아 올 때가 더 많다. 그래서 내 가계부엔 장날 지출란이 빼곡하다. 장을 못 보아 난처한 일이 생기는 것도 아닌데 장날 비라도 와서 장을 깨면 괜스레 심드렁하다. 장날을 노리다 공치고 마는 상인들이 딱하게 여겨지기도 하고.

몇 년 전부터 우리 고장에 풍물거리가 생겼다. 노점상 단속을 할 때 상인들이 한곳에 모여 장사할 수 있도록 시에서 마련해 준 장터이다. 노점상 단속을 할 때마다 이리저리 쫓기던 노점 상인들이 나란히 천막을 쳐 놓은 자리에서 좌판 위에 물건을 얹어 놓고 마음 편하게 장사하는 모습이 보기 좋다. 그들은 눈, 비 막아 주고 햇빛 가려 주는 천막 아래서 장사를 하지만 농산물을 조금씩 가지고 나오는 농민들과 장이 서는 곳을 찾아 다른 지역에서 오는 이른바 장돌뱅이들은 비 오면 공치고 추우나 더우나 그냥 땅바닥에서 하늘을 이고 장사를 한다.

추수기가 끝난 요즘은 김장철을 앞두고 있어 장터는 명절 대목장처럼 붐빈다. 카세트테이프를 가득 실은 리어카, 마이크에서 쉬지도 않고 흘러간 옛 노래가 나와도 그 누구도 시끄럽다고 하지 않는다. 또 다른 카세트테이프 파는 리어카 장수는 얼굴에 품바 글자를 쓰고 꽃과 점도 그려서 각설이타령을 부른다. 흰 바지에 흰 두루마기 입고 콧수염 기르고 머리엔 갓을 쓴 앳된 엿장수, 빙빙 돌며 춤추며 가위 소리 요란하다.

사람들은 그들이 팔고 싶어 하는 물건엔 관심도 없이 신기한 표정으로 구경만 하다가 그 자리를 뜬다. 노래 부르고 춤추는 것 보여주기 위한 목적이 아니었을 텐데 구경만 하다가 자리를 뜨는 사람들이 야속했을 것 같다.

장은 복잡할수록 시끄러울수록 좋다. 행여 중국산 농산물 살까 조심도 하면서 풍물거리를 이리 기웃 저리 기웃하노라면 이곳이야말로 삶의 전장임을 느끼게 된다. 어디에선가 솟는 기운이 일상의 권태를 몰아내고 열심히 살아야겠다는 다짐을 하게 된다.

어릴 적에 읍내 아이들은 장날을 촌놈 생일이라고 했다. 시골 사는 나는 그 말이 싫었다. 나는 촌에서 태어났고 촌에 사는 촌놈이고 우리 엄마도 이웃 엄마들도 장날이면 몸단장하고 장에 가기 때문이다.

정말 촌사람들은 장날을 생일만큼 좋아하고 생일처럼 기다리는 것 같았다. 아니 생일보다 더 즐거웠으리라. 어디 시골 아낙들 생일을 누가 그리 살뜰히 챙겨주었던가. 장날은 분명 생일보다 더 즐거운 날이었다. 바쁜 농번기가 아니면 매 장을 보는 동네 사람들이었다. 호미 한 자루, 고무줄 몇 개, 참빗 하나 사러, 라이터에 돌 하나 넣으러도 간다. 인편에 시킬 법한 작은 볼일도 굳이 장날을 기다려 10리 길 멀다 않고 걸어서 장에 가서 산다. 수수 빗자루 몇 개, 쌀 몇 됫박을 이고 진 흰옷 입은 장꾼들은 마치 피난민의 행렬 같기도 했다.

우리 동네 가난하게 사는 은태네 아버지는 날아가는 새에게도 술 사 주고 싶어 하는 마음 좋은 분이다. 그분이 장에 가시면 으레 해가 서산으로 꼴딱 져야 온다.

에~ 상주 서보 유명하다

상주 서보 유명하다
물 대려고 애쓰지 말고
수굼포 들고 선보러 가세
에헤야 얼럴러러 상사디야
에헤야 얼러러러 상사디야
에헤로구나 좋고 좋다

자신의 애창곡을 소리 질러 부르며.

품 팔아 이 구멍 저 구멍 가난 구멍 메꾸기 바쁘고 살기 힘겨워도 장 보고 오는 길 주막집을 어찌 외면하겠는가.

다른 사람들도 장만 보고 오는 경우가 드물다. 곧바로 집으로 오는 게 억울하고 허전한가 보았다.

우리 엄마도 장날은 아침부터 바쁘다. 다른 날보다 세수 정성껏 하고 때 묻은 코고무신 짚북데기 뭉쳐 비누칠하여 싹싹 문대어 뽀얗게 씻어 신고 간다. 부부끼리 또는 이웃끼리 장에 가는데 엄마는 늘 쌍순이 엄마와 잘 가신다. 장에 갔다 온 엄마의 얼굴이 잘 익은 복숭아색이면 주막집에 들러 막걸리 한잔 걸쳤다고 생각해도 무방하다. 장날은 우리 동네 사람들에게 생활의 활력을 넣어주는 청량제 구실을 하였다. 생일보다 좋은 날이었다.

오늘은 상주 장날 내 장에서 시간 많이 보내고 지갑 얄팍해졌어도 기분이 좋다.

나도 어쩔 수 없는 촌놈인가 보다.

서당골은 옛 상주

진도와 안면도의 하계 세미나에 참석하지 못한 아쉬움이 커 제3회 『수필문학』 하계 세미나는 먼 거리 어디라도 참석하리라 했었다. 그런데 취직이 된 아들이 서울에서 연수를 마치고 세미나 날 귀가한다는 연락을 받았다.

갈등이 생겼다. 그러나 갔다 오라는 남편의 말에 용기를 얻어 나는 결국 세미나가 열리는 서당골 관광농원을 향해 버스에 올랐다.

여행이란 오며 가며 차 안에서의 시간도 즐거운 법인데 한 시간이면 갈 수 있는 거리이긴 하지만 동행 없이 낯모르는 사람 옆에 앉아 있노라니 무척 지루하게 느껴졌다. 남북 정상회담을 앞둔 채 갑작스러운 김일성 북한 국방위원장의 죽음을 보도하는 텔레비전을 시청하느라고 인지 연이은 가마솥 같은 더위 때문인지 주말 오후면 자가용 차들로 복잡할 국도가 한가하다. 내가 지금 어디를 가고 있나 아리송한 마음으로 차창 밖으로만 시선을 보내는데 어느덧 '수필문학 하계 세미나' 현수막이 눈에 들어와 반가웠다.

서당골, 행정지명으로는 충북 보은군 마로면 임곡리다. 마로면은 원래는 공민왕이 홍건적의 난을 피해 안동으로 파천됐다가 상주를 거쳐 청주로 가는 길에 머물렀다 하여 왕래면(王來面)이었는데 조선조 때 역마를 많이 길렀다 하여 마로면으로 개칭되었다. 보은군 또한 신라시대에 삼년산성군(三年山城郡)이었다가 신라통일 후 삼년군으로 개칭되었고 고려 태조 29년에 보련군으로 상주에 예속되었다가 조선 태종 6년에 충남 보령과 음이 비슷하다 하여 보은으로 고쳐졌다는 안내서의 설명이다. 이곳이 상주 땅이었다니 감회가 남다르다.

오후 5시에 시작한 세미나. '한국수필 무엇이 문제인가?' '우리 수필문학의 국제화 모색' 임헌영, 이태동 두 문학평론가의 강론이다. 세미나는 연사들의 강론을 듣는 게 주요 목적이지만 만남과 대화를 나누며 오락 시간도 기대하게 마련이다. 나는 잿밥에 마음 두지 않기로 했다. 내 빈약한 문학의 그릇에 무엇인가를 담아가려고 두 귀 모아 열심히 듣고 활자에 밑줄도 그었다.

오경자 동인회장의 익숙한 사회로 벌어진 밤의 향연, 가수 빰치는 노래들에 흥이 절로 인다. 참식자들의 문학에의 열정만큼이나 뜨겁게 타오르는 모닥불. 둘러앉아 박인희의 모닥불 노래가 나올 법한데 강강수월래를 돈다. 고유의 한복에 코고무신의 차림이 아니라 뾰족구두에 단화에 천태만상의 양장 차림에다 바지씨들도 끼어서 도는 강강수월래다. 공민왕의 어가가 머물렀던 이 유서 깊은 서당골의 밤하늘 아래서 수필 쓰는 문인들끼리 아무려면 어떠랴. 신나고 즐거우면 그만 아닌가.

우리 방의 작가들은 전라도 그 멀리서 온 피곤 때문인지 10시가 되자 숙소로 들어가자고 한다. 나도 얼음 같은 찬물로 샤워를 하고 잠자리에 들었다. 그런데 잠이 오지 않았다. 이들 잠자는 문우들의 고른 숨결 소리와 연신 돌아가는 선풍기 소리와 '홍도야 울지마라' '찔레꽃' 등의 한데서 밤새도록 부르는 노랫소리를 들으며 나는 연신 몸을 뒤척였다. 더위는 식었는데 별빛은 찬연한데 여흥은 못다 풀었을 텐데 이 허락받은 자유의 밤을 후덥지근한 숙소에서 잠을 자는 사람들을 밖의 신명 꾼들은 어지간히도 끼도 없고 낭만도 모르는 사람들이라고 답답해했을 것 같다.

날이 밝자 문우들과 긴 세월의 나이테를 새겼을 큰 나무와 온갖 자생식물들이 싱그러운 산책로를 거닐다가 기념사진을 찍는 시간은 참으로 즐거웠다. 우리는 문인으로서 지녀야 할 인품에 대해서 또한 작품에 대해서 이야기했다. 그리고 평론가들이 걸핏하면 거론하는 신변잡기에 대해 한마음 되어 반박론을 폈다. 천상의 이야기를 쓸 것인가, 영혼의 이야기를 쓸 것인가 하고 목경희 선배 문우가 불만을 크게 터뜨렸다.

서당골 관광농원, 호수처럼 푸르고 맑은 인공 낚시터와 방갈로 그리고 돌과 돌멩이 사이사이에 잔디가 잘 다듬어져 있어 좋고 경치 좋은 구병산을 바라보는 마음도 즐겁다.

산책을 마치고 본관 건물로 들어가니 강론 때 내 옆에 앉았던 박영희 작가가 약수를 마시라며 앞장서서 약수터로 안내해 준다. 아! 거기엔 석벽을 둘러싼 맑은 약수가 있다. 공민왕이 이 물을 마셨을 것이라는 생각을 하며 나는 한 조롱바가지의 물을 다 마시고 더 마셨다. 그 달고 시원함이라니.

너무나 상쾌한 아침, 태양은 또다시 떠오르고 있고 '오 나의 태양' 노래가 내 입에서 절로 나와 가만가만 부르는데 박영희 문우가 크게 불러 우리는 즐겁게 합창을 했다.

8시에 아침 식사를 마치고 다음 스케줄인 동학북접 집결지인 선씨가(宣氏家)와 신라가 백제와 고구려를 견제하기 위해 3

년간에 걸쳐 축조하였다는 삼년삼성과 청주의 박물관 관람을 포기했다. 연수를 마치고 집에 와 있을 아들을 생각하니 마음이 바빴다.

옷 이야기

며칠 전 나는 10년 넘게 입은 춘추 외투가 말짱해 입고 외출을 했다. 내 딴에는 내 멋에 산다는 배짱도 있었다. 그리고 유행이란 뭐 별것인가 바지통이 넓어졌다가 좁아졌다가, 양복의 품이 넓어졌다가 좁아졌다가 하는 것이라고 생각하며 나갔다. 그런데 보는 사람들이 예사로 보아주지 않았다. 아주 오래된 옷임을 알아차렸고 그 옷 그만 벗어 던지라는 말도 했다. 유행이란 디자인도 디자인이지만 천이 오래된 것이냐 요즘 나온 것이냐도 좌우함을 크게 느꼈다.

나는 집을 나설 때와는 달리 조금 우울한 기분으로 돌아왔다. 옷을 벗어 걸면서 새 외투를 꼭 사리라 맘먹었다. 그런데 옷을 사려고 마음먹고 나니 걱정부터 앞선다. 내 손으로 옷을 골라 샀으면서도 집에 와서 입어보면 마음에 안 들었을 때가 많았기 때문이다. 내키지 않은 발걸음으로 바꾸는 소동을 피우거나 아쉬운 대로 그냥 입기도 했던 적은 또 얼마나 여러 번이었던가. 옷가게 거울에서는 괜찮게 느낀 옷이 집에 와서 입어보면 왜 마음에 안 드는지 모를 일이다. 옷가게 거울은 요술 거울이란 생각까지 했다.

사람들이 힐끔힐끔 쳐다봐서 스웨터를 뒤집어서 입은 줄 알고 부끄러웠다는 소설 『빙점』으로 유명한 일본의 여류작가 미우라 아야코, 그의 산문집엔 옷 이야기가 자주 나온다. 그녀는 내리받이 옷을 입고 엉덩이 바대를 훤히 드러낸 채 거리를 다니기도 했고 스웨터를 뒤집어서 입거나 뒤를 앞으로 해서 입는 건 비일비재하다고 했다. 또 손님이 와서 "어서오세요" 하고 진지한 얼굴로 맞이하고 보면 러닝셔츠 바람으로 나갔거나 치마를 입지 않고 나갔다고도 했다. 그런가 하면 어느 날은 차 안에서 치마의 단추를 풀어놓은 걸 잊어버리고 그대로 내려 호텔의 프론트 앞에 서자 치마가 스르륵 내려갔던 일도 있었다고 했다.

이 작가는 옷을 잘 입고 못 입고를 떠나 자신의 단정하지 못함을 고백했지만 같은 옷을 여러 해 입어서 독자들로부터 "그 옷이 당신의 고유 상표입니까?"란 지적도 받았다고 하였다.

나는 그 글을 읽으면서 우리나라에서는 그 어느 여성도 옷 입으면서 그렇게 무신경한 사람은 없으리란 생각을 했다. 우리나라 사람, 특히 여성들은 사치를 좋아하는 것 같다. 유행의 본산지인 프랑스 여성들이 사치를 좋아하는 것 같아도 우리나라 여성에 비하면 많이 검소하다니 믿기지가 않는다. 우리나라에도 검소한 사람이 많겠지만 보편적으로 사치스러운 편이라면 그 사치성이 곧 우리 민족성이란 생각을 한다.

옛날 우리 선조들은 고달픈 일 속에서도 누런 무명을 그대로 마름질하지 않았다. 표백제도 없던 시절인데도 햇볕 좋은 날을 택해 냇가 모래밭이나 산 둔덕에다 긴 천을 몇 날이고 눌 적셔 널어 하얗도록 바랜 뒤에야 풀 먹여 옷이나 요 이불 홑청을 만들었다. 명주 역시 곱게 물감을 들이고 쌀풀 먹여 밤 이슥하도록 다듬이질하여 윤기가 좌르르 흘러야 옷을 만들었다. 그러하거늘 잘살게 된 지금 더욱이 섬유 수출 대국인 나라에서 옷을 잘 입으려는 마음 당연하지 않은가 싶다. 우리 국민이 백의민족이라 불릴 만큼 흰옷을 즐겨 입었음은 깨끗하고 단정함을 좋아한 민족성일 것이다. 색동저고리 등 화려하고 고운 색상의 옷을 좋아함도 같은 맥락이고.

'입은 거지는 얻어먹어도 벗은 거지는 못 얻어먹는다' '의복이 날개'라 하는 우리 속담도 우리 민족이 사치스럽고 멋

내기를 좋아하기에 생긴 속담이 아니겠는가.

여자들의 옷은 색상이나 디자인이 너무 다양해서 선택하기가 참으로 번거롭고 귀찮기까지 하다. 그래서 나는 때로 남자들의 천편일률적인 양복 모양을 부러워하기도 했다. 새 옷, 그것도 마음에 드는 옷을 입었을 때의 기분은 참 좋다. 지인은 옷 사 입는 것으로 스트레스를 풀기도 한다 했는데 이해가 된다.

유행에 뒤진 옷을 입고 거리를 다니는 것은 스웨터를 뒤집어 입고 거리를 다니는 것처럼 꼴불견일 수 있을 것 같다. 남을 의식하지 않고 유행 지난 옷을 입겠다는 나의 배짱도 옷 잘 입는 나라의 거리를 걸어 다니면서는 맥을 못 출 뿐이다.

내 10년 지난 춘추 외투를 구식이라고 일깨워 주는 사람들, 멋 내기와 사치 좋아하는 나라 사람들의 관심이라 생각하니 미소가 지어진다.

새 외투 한 벌 사서 입어야겠다. 그리하여 구식 외투 벗어 던지라고 한 그들 앞에 '짜잔!' 하고 나타나 주어야겠다.

3

매우 죄송합니다

제3집 『뽑힌 여자』 중에서

곶감을 훔쳐먹고

술! 나도 가끔 취하고 싶다

황악산에 올라

여름이 좋다

추한 여자

매우 죄송합니다

화투와 인투

곶감을 훔쳐먹고

냉동실 정리를 하는데 아래 칸 구석에 곶감 몇 개가 있다. 지난해 감밭을 경작하는 남편의 친구분이 보내준 곶감이다. 곶감을 냉동실에 넣어 두고 한 개씩 꺼내 먹곤 하다가 다른 과일을 먹느라 곶감이 남아 있다는 것도 잊었던 것이다.

내 자라던 시절에 곶감은 어른, 아이 누구나 좋아했다. 앙앙 울던 아이가 호랑이가 온다 해도 그치지 않더니 "곶감?" 하니까 뚝 그쳐 문밖에서 엿듣던 호랑이가 "이크! 나보다 더 무서운 곶감이란 게 있구나" 하고 달아났다는 이야기는 유명하다. 또한 밤길 걷다가 귀신을 만났을 때 곶감을 주면 해코지를 안 한다는 말도 있다.

우리 친정집엔 감나무가 한 그루이어서 곶감을 많이 만들지 못한 데다 식구가 많아서 먹을 때마다 감질이 나곤 했다. 그런데 시집을 오니 시댁엔 텃밭이 감나무밭이 아닌가. 어린 감나무가 많지만 큰 고목의 감나무도 한 그루 있어 곶감은 흔하게 먹지 싶었다. 그러나 여전히 곶감은 귀했다. 생감으로 팔기 때문이다.

새파란 감이 맞선 보는 촌색시 볼따구니처럼 발그레해지기 시작을 하면 감 장수가 온다. 접 당 얼마의 흥정이 이루어지고 계약금을 주고 갔다가 지정한 날 트럭에다 나무상자를 가득 싣고 온다.

어머님은 감을 한 접이라도 더 많이 팔아 목돈을 쥘 심산이고 감 장수는 한 접이라도 더 가지고 가려 기를 쓰기 때문에 감을 많이 깎지를 못한다. 그래도 친정집에 비하면 제법 많은 곶감을 만든다. 처마 안으로 긴 장대를 가로로 걸고 깎은 감 두 개씩을 끈으로 묶어 주렁주렁 걸어 놓는데 따사로운 가을 햇살로 노릇노릇해지는 그 곶감 맛이 또 기막히다.

드디어 갈색이 되면 곶감은 안방 다락으로 옮겨진다. 다락방의 곶감은 날이 갈수록 표면에 시상(柿霜)이라 하는 하얀 분가루를 생성시켜 곶감으로서의 면모를 갖춘다. 이때부터 어머님은 곶감 관리에 바쁘시다. 시누네 집, 시동생 집, 설에 쓸 것, 시할머니 제사에 쓸 것, 우리 식구 먹을 것을 누런 밀가루 종이부대로 만든 봉지에 몫몫 나누어 담으신다.

곶감은 우리 식구 누구라도 어머님이 주셔야지만 먹을 수 있다. 한 개라도 다락에 올라가 맘대로 꺼내 먹지 않는다.

겨울밤은 왜 그리 긴지 모르겠다. 산모롱이 돌아 돌아온 찬바람은 방문을 자꾸 노크하고 문풍지는 성깔 있는 대로 부리며 바르르 떠는데 저녁 먹은 배는 애 진작에 꺼져 있어 곶감 생각이 간절하다. 어머님 내 마음 어찌 그리 잘 아시는지 방문 열고 "아나 곶감 먹어라!" 하시며 마른 바가지에 곶감 몇 개 담아서 방으로 들이밀곤 하셨다.

설이 지나면 다락의 곶감은 얼마 남지 않는다. 시누님과 시동생은 설에 와서 제 몫의 곶감을 가지고 갔고 그동안 우리 식구들이 먹었기 때문이다. 손자가 밖에서 놀다가 들어와 "할매 곶감" 해도 두어 개씩 몇 번 주신 후 "인제 할매 제사에 쓸 곶감밖엔 없대이" 하신다. 그러다 어느 날부터 "인제 정말로 할매 제사에 쓸 곶감밖에는 없대이" 하고 '정말로'를 강조하신다. 음력 3월 하순에 든 시할머니 제사 때 쓸 곶감을 남겨 두어야 하는 것이다. 손자가 다락에 올라가 곶감을 찾아내 먹진 않을 텐데 철저히도 감추셨다.

거기?

나는 거기를 안다. 내가 이리저리 찾다 거기를 알아낸 것이 아니고 거기에 숨겨 놓았을 거라고 상상하여 거기를 보면 거기에 누런 곶감 봉지가 반드시 있곤 했다.

둘둘 말아서 헛간에 가로로 덩그러니 매달아 놓은 멍석 속, 부엌 한쪽에 씨 나락 가득 넣어 놓은 커다란 독 속, 다락의 벽에 등 돌려 태연하게 걸려 있는 멱서리 안.

예감에 뛰어나다며, 식구들이 못 찾는 집 안의 물건 잘 찾아낸다며 오빠들이 민완형사란 별명을 나한테 붙여주지 않았던가. 내 그 별명 무색하지 않게 나는 어머님이 감춘 곶감을 찾아내곤 했다. 그러나 혼자만 알고 있어야 했다. '엄마가 곶감 찾았지롱!' 할머니가 숨겨 놓은 곶감을 찾았다는 이 대단한 희소식을 아들에게 우쭐대며 말해 주고 싶은데 어금니 깨물고 꾹 참아야만 했다.

어머님 옆집 진국이 할머니와 시오리 길 장에 가신 어느 날 나는 한가한 시간을 맞아 몇 권의 헌책을 둔 아랫방 높은 벽장에 의자를 놓고 기어 올라갔다. 읽을 책을 꺼내오기 위해서였다. 그런데 그 벽장 구석에 달걀 꾸러미 같은 짚 뭉치가 있지 아니한가. 놀라 헤집어보니 곶감이었다. 눈이 휘둥그레졌다. '뛰는 놈 위에 나는 놈 있다' 하는 속담까지 떠올리며 어머님이 기상천외의 장소에 곶감을 숨겨놔도 알아내며 회심의 미소를 짓곤 했던 내가 아니었던가. 그런데 상상 한 번 하지 않은 높은 벽장 속 짚 꾸러미라니? 허탈하기까지 했다.

군침 도는 곶감, 시할머니 제사에 진설하고도 남을 곶감이기에 벽장 속에 쪼그리고 앉아 책을 읽으며 곶감 한 개를 꺼내 먹었다. 겨울에 먹은 곶감보다 얼마나 더 맛있던지. 하나 더 먹고 나서야 정신이 번쩍 들고 곶감을 괜히 먹었다는 후회가 일었다. 시어머니가 감춰 둔 곶감을 훔쳐먹은 며느리. 나는 곶감도둑이 되었는데 어머님은 모른 척했어도 아셨을 것이다, 며느리가 곶감을 훔쳐 먹었다는 걸.

어머님 돌아가신 지 오래고 그 감밭도 이젠 우리가 주인이 아니다. 요즘은 감을 기계로 깎는 집이 많고 건조기에 말리는 과정에서 유황을 피워 분홍빛 색상이 곱다. 상품으로의 가치가 훌륭하다.

곶감이 먹고 싶다. 남편 친구가 보내준 건조기에서 말린 신식(?) 곶감이 아니다. 한입 베어 물면 진갈색 표면에 덕지덕지 붙은 하얀 분가루가 입술 가득 묻는 부드러운 곶감, 그 옛날의 내가 훔쳐먹은 그런 곶감이 먹고 싶다.

술! 나도 가끔 취하고 싶다

내가 오늘 술을 얼마나 마셨는지, 마신 그 술로 하여 얼마나 취했는지 아무도 모르리라.

나도 가끔 술에 취하고 싶을 때가 있었다. 술 마시고 온 날 남편의 얼굴을 대할 때 그랬다. 그러나 나는 이때까지 술에 취해 본 적이 없을 뿐 아니라 정월 대보름날 아침 귀밝이술 조금 외에는 술을 마셔보지 못했다. 어쩌다 부부 모임이 있을 때는 술잔이 돌아오지만 술을 마시는 척하고 버리는 요령을 피우곤 했다. 그런데 오늘 술을 질탕 마셨다.

나의 술 마시고 싶은 바람이 이렇게 실천으로 이어지게 된 건 지난여름 어느 날 피서지에서 생긴 일 때문이다.

그날 아침 우리 일행을 태운 관광버스가 잠 덜 깬 시가지를 벗어나 달리고 달렸다. 산허리 휘감은 안개가 그 다정스러운 포옹의 팔을 풀 때쯤 몇몇 젊은 부부들이 술병 들고 안주 들고 차례로 술 권하는 것으로 인사를 대신한다. 신명 많은 S 씨가 사회자의 마이크를 빼앗아 일장 연설을 한다.

"에엣 또 대머리까지고 똥장군 진 사람 못 봤고, 안경 낀 거지 못 봤고 술 좋아하는 사람치고 인간성 나쁜 사람 없다는 말이 있습니다. 사모님들 오늘일랑 남편들이 술을 좀 마시더라도 이해를 하시고 제발 말리지 말아주시기 부탁드립니다."

목적지인 서해안 변산반도, 바다는 어느 계절인들 멋지고 낭만적이지 아니하랴만 역시 바다의 풍광은 여름이 제일임을 느끼며 한 발 한 발 발걸음을 옮겼다. 저 바다가 몇 년 전 위도에서 정원 초과로 돌아오던 훼리호를 침몰시켜 수백 명의 소중한 목숨을 앗아간 사연을 지니고 있음에, 또한 지층 흔적이 생생한 층층을 이룬 채석강의 신비로움에 바쁘게 눈동자를 굴렸다. 그런데 또 다른 희한한 경치가 내 눈앞에서 펼쳐졌다. 우리 일행 중 남자 네 명이 씩씩하게 걸어가다가 획 돌아서 예약해 놓은 횟집으로 가는 게 그것이다.

"어머머! 어머!" 벌린 입을 다물지 못하고 우두커니 서서 그분들을 바라보노라니 거기엔 딱하게도 나의 남편이 끼어 있고 대머리까진 사람 어쩌고 하며 버스에서 술타령 전주곡을 읊은 S 씨도 있다. 그분들은 그저 술친구가 좋고 권커니 잣거니 술 마시는 게 좋을 뿐 바다엔 별 관심이 없는 듯하였다. 남편에 내팽개쳐진 우리 여자들은 이 변산반도엘 언제 또 오겠나 싶어 제일 마지막으로 점심상 앞에 앉았다.

남편은 술이 적당히 취하면 양쪽 눈꼬리가 아래로 처지면서 방송인 황인용 눈꼬리를 닮는다. 은박지 벗겨 백합구이 먹다가 고개 돌려 힐끗 남편 얼굴 보니 예의 그 황인용 눈이다. 이때 남편의 기분이 무지무지 좋다고 간주하여도 무방하다. 불그스레하게 상기된 얼굴, 경북 안계장의 바소쿠리(안계장 바소쿠리가 유난히 크다함)만큼 크게 벌린 입, 헤프게 날리는 웃음.

그런 그이를 보며 생각했다. 집에서 일상생활을 하는 가운데 저렇게 행복해한 모습을 보인 적이 있던가. 자식들 이야기하며 또 저렇게 행복해했던 적이 있던가. 저 '인생은 즐거워라' 표정은 술, 술 때문이니 술의 위력을 생각 아니할 수 없었다. 나도 집에 가서 술에 한 번 취하여 보리라 마음 단단히 먹었다.

그런데 누구와 술을 마신단 말인가. 혼자 마실 수밖에.

'낮술은 부모도 몰라 본다' '낮술은 도깨비 국을 마신다'라는 속담이 있을 정도로 낮에 마시는 술은 빨리 취한다고 하지만 대낮 아닌 언제 내가 술을 마음 놓고 마시겠는가. 밥은 바빠서 못 먹고 죽은 죽어도 먹기 싫고 술은 술술 잘 넘어간다더니 정말 술은 내 좁은 목줄을 타고 잘도 넘어간다.

석 잔 이상 마시지 말라는 삼배계(三杯誡)
흥! 누가 그런 계명을 염두에 두고 술을 마시는가?
저녁에만 마시라는 유시계(酉時誡)
흥! 그걸 지키려는 마음이었으면 내 애당초 술잔을 들지 않았지.
쪼르르 홀짝 탁, 쪼르르 홀짝 탁.
이 술 마셔 내 고단한 삶의 때 씻겨진다면 삼배계의 3배를 마신들 어떠리.

♪술잔을 높이 들어 청춘을 노래하니
이 낮이 즐거우리 인생이 즐거우리
나의 사랑 나의 행복
어떠한 가시밭길에도 행복은…♬

그런데 참 이상도 하지. 술은 남편이 맛본 세상 살맛 나는 좋은 기분을 내게는 주지 않았다. 술은 누구에겐 행복을 주고 누구에겐 왜 서러움을 주나. 난데없이 눈물은 왜 또 나지?

혼자 마신 낮술은 머리가 빠개지는 듯한 아픔과 속 아픔과 구토의 선사까지 한다. 수도 없이 화장실을 들락거리는 분주함 속에서 이것이 지옥인가, 지옥이 이러한가 싶다. 시간은 흐르고 식구들 귀가 시간은 되어 가고 몸속의 요동은 멈추지를 않는 가운데 '술! 나도 가끔 취하고 싶다' 이 마음엔 변함이 없다.

황악산에 올라

버스 기사가 거울 속의 나를 자꾸 본다. 내 눈과 마주치면 눈길을 돌렸다가 보고 또 본다.

김천역 앞에 있는 직지사행 버스에 50대 초반으로 보이는 남자와 내가 올랐다. 남자가 천 원 내고 거스름돈 꺼내고 내가 천 원 내고 거스름돈 꺼내니 기사의 의아한 눈빛이다. 그도 그럴 것이 그 자리에서 그 남자와 나 달랑 둘만 탔고 둘 다 등산복 차림이니 동행이라고 생각한 것이다. 그 오해는 빈자리 많음에도 각자 뚝 떨어져 앉는 걸 보고 풀린 듯한데 이번엔 그 기사 눈에 내가 이상한 여자로 보인 것이다. 등산복 차림으로 직지사행 버스를 타면 필시 황악산을 갈 것인즉 '도대체 저 여자가 어쩌자고 혼자 황악산을 가려는지? 황악

산이 어떤 산인지 알고나 가려는지?'

기사의 기우가 재미있다.

남편이 산악회 회원들과 등산을 할 때면 언제나 나도 같이 가자고 하였고 나도 기꺼이 따라나섰다. 그런데 단체 산행은 즐거움보다 애로가 더 많다. 주변 경관을 감상할 여유도 없이 헉헉거리며 앞서가는 사람을 따라가야 하는 게 고역이다. 누가 누가 1등 가나 내기라도 하듯, 불난 집에 불 끄러 가듯, 산길만 보고 달리기하듯 가는 산악인들이 못마땅했다. 무슨 무슨 특산품 판매장에 데려다 놓느라 빨리빨리 걸어야 하는 산행이 너무 재미없었다. 특히 남편은 내가 산길에서 사진을 찍으면 일행과 뒤처지고 또 위험하다고 싫어하여 이래저래 재미가 적었다. 구병산, 속리산 남편과 둘이 가 봤지만 재미가 없었다. 그의 걸음이 빠르기 때문이다. 그래서 언제고 나 혼자 여유 있게 유명한 산 등산 꼭 한 번 하리라 벼르고 벼르다가 정한 것이 황악산이다.

김천역 5분 거리에 큰언니 집이 있다. 상주서 완행열차 타고 김천역에 내려 등산을 하고 저녁 차로 오면 되는데 여차하면 언니네로 빠져도 되고 기차를 놓친다 해도 기차역에서 구름다리 건너 버스를 탈 수 있어 황악산이 안성맞춤이다. 어느 산을 갈까 저울질할 필요가 없이 황악산 등산길에 나선 것이다. 그이에게는 언니랑 간다고 하고….

좀 이른 시각이어서인지 등산객이 안 보인다. 그런데 저 남자를 어쩐담? 빠른 걸음으로 직지사를 향해 가면 직지사 관광을 하고 등산을 하려는가 싶은데 느린 걸음으로 주위를 두리번거리며 살피는 게 영락없는 초행이고 등산로를 찾는 것 같다. 내 알게 뭐냐고 등산로 쪽으로 가다가 몰인정한 것 같아 말을 걸었다.

"이보세요. 저 혹시 황악산 안 가시는지요?"

"네 황악산 가는데 초행이라서."

'누군 뭐 초행 아닌가.'

가던 길을 되돌아서 오며 고맙다고 한다.

바람이 불면 휙 날아 공중곡예 한 번 할 것같이 깡마른 체격의 갈비씨다. 그런데 빨리 내 옆을 지나가면 좋을 텐데 내 걸음나비에 맞추어 걷는다. 동행하기 싫다고 내색할 수도 없어 그냥 걷는데 체력이 달리는지 "좀 쉬었다 갑시다" 하며 털썩 나무 그늘에 앉는다. 나도 같이 쉬자는 건가? 누가 보면 오해하기 딱 좋을 것 같다. 나는 선 채 갈비씨 얼굴을 내려다봤다. 윤기 없는 거무튀튀한 얼굴에서 고단한 삶의 역정을 읽는다. 얼굴 예쁜 아가씨가 뽕뽕 방귀를 뀌며 지나가도 웃지 않을 것 같은 어두운 얼굴이다. 납작한 배낭은 먹을 것이 적음을 알리고 있다.

등산객들이 많이 올라오고 있다. 나는 선 채로 있다가 그들 무리 속에 끼었고 갈비씨도 일어나서 걷는데 여자인 나보다 더 힘들어하는 것 같다. 푸른색으로 한껏 제 모양을 갖춘 나무들이 울울창창하여 등산객들에게 그늘을 만들어 주어 산을 오르기가 수월하다. 기암괴석이 없고 소나무도 많지 않고 잡목으로 우거졌다. 능선을 따라 오르는 데도 한참 걸린다. 대개 안부에 이르면 먼 곳을 조망할 수 있는데 황악산 능선은 길기도 한데 크지도 않은 나무들이 정상을 향해 가는 내내 막고 있다. 갑자기 남자 초등학생이 내 앞에 나타나 깎은 오이를 준다. 뒤돌아보니 아이 아버지가 시켰다. 여자 혼자 등산하니 안쓰러웠나 보다. 고마워서 초콜릿을 주려 하니 있다며 달려간다.

시계를 보니 12시가 훨씬 넘었다. 그런데 저 앞에서 갈비씨가 내려오고 있지를 않은가. 정상까지 20분 정도 남았다며 잘 갔다 오라고 한다. 내가 사진 찍느라 걷는 데 진도가 안 나가니 빨리 올라갔던가 보다.

드디어 해발 1,111미터 비로봉 정상이다. 6월 초순의 햇살치고는 뜨겁다. 표지석을 보고 또 보노라니 한 남자가 옆에서 말한다.

"해발 1,111미터 참 외우기 좋습니다."

"네, 인터넷에서 1,111미터인 줄 알고 왔어요."

그 남자는 이렇게 높은 산인 줄 알면서 어떻게 여자 혼자 올 생각을 했냐며 놀란다. 옆의 부인도 놀란다. 둘이 오면 뭐 남편이 업고 오는가 안고 오는가, 혼자 걷는 건 똑같은데 왜들 그러나 싶다.

배가 고프다. 내 식성에 맞게 정성 들여 싸 온 김밥을 황악산 정상에서 먹는다는 생각만 하여도 마음 설레고 행복하다. 자리를 찾아 앉으려는데 아까부터 앞서거니 뒤서거니 올라오며 대화도 잠깐 나눈 구면이 된 부부가 나 혼자 밥 먹으려는 게 딱해 보였던지 점심을 같이 먹자고 한다. 괜찮다니 자꾸 오라고 한다. 정말 괜찮은데 부인이 더 권한다.

대구서 왔다는 이들 부부는 인정이 많다. 내키지 않았지만 나를 딱하게 여기는 마음이 고마워 합석했는데 그들이 펼쳐 놓는 건 일회용 도시락에 담긴 참치 죽 두 개와 초콜릿이다. 나는 참치를 안 먹으니 그런 어죽이 싫은데, 덜어 먹을 그릇도 없고 여분의 숟가락도 없는데 참치 죽을 자꾸만 권한다. 나도 김밥을 권했다.

남자는 김밥이 맛있다며 김밥을 잘 먹는다. 부인도 하나 먹더니 파는 김밥보다 맛있다고 눈을 크게 뜬다. 그러면서 참치 죽을 또 권한다. 이 부부는 참치 죽을 보양식으로 생각하는 것 같다. 나는 참치 죽을 안 먹을 수가 없게 되었다. 처음부터 안 먹었으면 몰라도 하도 권하는 바람에 숟가락으로 한 번 떠먹던 걸 다 안 먹을 수가 없지 않은가. 내 김밥을 그들 앞으로 밀어놓고 싫은 참치 죽을 입안에 넣고 우물우물 꿀꺽 우물우물 꿀꺽 삼키며 맛있다는 거짓말까지 했다.

"김밥도 잡수세요." 남자는 내 김밥을 나에게 먹으라고 권한다. 나는 하마터면 웃음이 터져 나올 뻔했다.

황악산 정상 나무 그늘에 앉아 좋아하는 김밥 우아하게 먹는 내 꿈은 깨졌어도 이들 부부의 인정에 기분은 괜찮았다. 오래 추억에 남을 황악산 등정이다.

여름이 좋다

매미 우는 소리에 잠을 깼다. 시계를 보니 자정이 지났다. 고요한 한밤인데다 창문을 열어 놓았으니 매미 소리가 유난히 크게 들린다. 베개를 고쳐 돌아누워 잠을 청한다. 그러나 잠은 천리만리 달아나 버렸다. 울음 그쳤던 매미는 다시 운다. 쓰름 쓰름 쓰름 구슬프게.

저 쓰름매미는 왜 한밤에 울까? 여름 한낮에 울기 좋아했고 초저녁에도 잘 울더니 요즘은 왜 저렇게 한밤중에도 우나 모르겠다. 세상이 하도 요지경 같으니 계절 감각이 없어졌는지 아니면 가로등이 하도 밝아 밤인지 초저녁인지 헷갈려 울어대는지 알 수가 없다.

일어나 뒤 베란다로 나가 밖을 내다본다. 단풍나무, 주목,

오동나무, 향나무 중에서 어느 나무에서 우나 괜한 관심을 가진다. 키 큰 오동나무에서 우는 것 같다.

쓰름매미의 우는 소리를 들으며 이 여름도 얼마 남지 않았음을 느낀다. 좋은 계절이 가고 있다는 생각에 아쉬운 마음이 든다.

어머니는 여름을 일러 좋은 계절이라고 하셨다. 빈자들이 지내기에 좋다고 하는 소리였다. 건성으로 듣던 그때 그 말이 유난히 춥고 유난히 눈이 많이 내렸던 지난겨울에 절실하게 느껴졌다. 수도가 얼어 고생하는 집이 많았고 눈은 또 얼마나 자주 내려 보행에 불편을 주었던가. 치울 곳 없어 한쪽으로 밀어붙여 놓은 바윗덩이 같은 눈이 녹기도 전에 또 와서 외출이 두려웠었다. 뭉텅 목돈 들어가는 난방비에 신경을 쓰느라 겨우내 마음이 무거웠고 내의를 껴입고 지내느라 빨랫감은 또 얼마나 많았던가. 겨울이 길다고 느껴져 어서 봄이 왔으면 하고 봄이 기다려졌다. 봄이 좋아서가 아니라 봄이 와야 여름이 오기 때문이다.

어머님도 여름이 좋다고 하신다. 앞뒤 방문 활짝 열어 놓고 뒷산 솔바람 저절로 들어오는 안방에서 친구분들과 10원 따기 민화투 치며 시간 보내는 여름, 차곡차곡 쌓아 놓은 아끼는 뒤란의 장작을 군불 땐다고 빼 쓰지 않아도 되는 여름이 왜 아니 좋으시랴.

여름은 정말 좋은 계절이다. 누가 사계절 중에서 어느 계절이 좋은가 물을 때 나는 주저 없이 가을이라고 했었다. 지금도 가을은 좋다. 춥지도 덥지도 않은 기후며 황사 먼지 몰고 다니는 바람이 없는 것 하며 곱고 아름다운 색의 사방천지, 햇곡식, 햇과일 풍성한 가을이 좋다.

그러나 가을은 너무 짧다. 아! 가을이구나 했는데 계절은 금방 겨울로 내달리지 않던가. 가을은 곧 겨울이 온다는 불안감마저 주어서 나는 겨울이 먼 여름이 좋은 것이다. 태양은 불이라도 낼 듯 뜨거워도 그 이글거림이 좋다. 산과 들은 푸르다 못해 검푸른 빛마저 띠는 정열, 뜨겁고 강하고 진하고 분명한 여름 이런 여름이 나는 좋다. 난방비에 신경을 안 쓰는 이것 한 가지만으로도 여름이 안 좋을 수 없다.

여름 날씨는 더운 게 당연한데 날이 좀 더우면 무슨 이변이라도 생긴 듯 방송에서 먼저 요란 떤다. 사람들도 덩달아 덥다고들 난리다. 여름이 얼마나 고마운 계절인데. 가을에 거두어들이는 온갖 곡식과 과일도 뜨거운 여름의 태양 아래서 익지 않는가.

참으로 위대한 여름이다. 그러기에 봄은 연인이고 가을은 변심한 연인이고 겨울은 계모에 비유하면서 여름은 어머니라 하지 않는가. 세상 모든 어머니가 위대하기에. 자식을 낳고 기르고 가르치며 자식을 위해서라면 그 어떤 희생도 마다하지 않는 강인함이 있기에.

아, 이제 머지않아 여름의 잔재를 남기고 가을이 성큼 다가오겠지. 참매미의 울음소리도 쓰름매미의 울음소리도 더 들을 수가 없겠지. 5년에서 17년까지 긴 세월 그동안을 땅속에서 보내고 고작 일주일에서 많이 살아야 한 달밖에 살지 못하는 매미의 삶, 그 짧은 생이 한스럽기도 하다.

쓰름 쓰름 쓰름 목청 돋우어 내는 저 소리는 울음소리가 아닌 노래인지도 모르겠다. 짧은 생이기에 못다 부른 노래나 실컷 부르자고 때아닌 한밤에도 읊조리는 태평가.

아니, 아닐 것이다. 너무나 짧은 생이기에 그게 한스러워 내는 절규일 것이다.

이제 매미 소리도 들리지 않는다. 잠이 들었나 보다. 나도 잠을 청해 본다. 그러나 잠이 쉽게 올 것 같지 않다.

이렇게 매미 때문에 밤잠을 설치고 있는데도 매미가 밉지 않다. 매미가 있어 더욱 좋은 여름.

나는 여름이 좋다.

추한 여자

의성 탑산 온천장이다. 한쪽이 벽인 제일 구석 자리에 앉았다. 물을 받아 몸을 씻는다. 그런데 내 옆에서 몸을 씻는 여자가 추하다.

이 여자의 눈썹이 송충이 같아서가 아니다. 콧구멍이 엿공장 굴뚝처럼 벌렁벌렁 커서도 아니며 얼굴 바탕이 아무렇게 뭉쳐 놓은 치대기 직전의 칼국수 반죽 같아서도 아니다. 입술이 불어 터진 표고버섯 같아서도 아니며 눈꼬리가 대책없이 찢어져서도 아니다.

온천장에 왔으면 열심히 목욕이나 할 것이지 남몰래 선보는 자리도 아닌데 왜 남의 얼굴을 유심히 보겠는가. 물을 하도 흔하게 써서 봤다. 여자는 샤워기는 아예 손도 안 댄다.

폭포같이 세게 나오게 수도꼭지를 계속 틀어놓고 때를 민다. 대야에 쏟아진 물은 그냥 철철 넘친다. 잠그기 귀찮아 그러나 본데 식사 때 수저질은 귀찮아서 어떻게 하는가 싶다. 옆의 친정엄마인 듯한 사람과 그 옆의 동생인 듯한 사람 등의 때를 차례로 밀어주는 그 시간에도 물은 계속 틀어놓고 있다.

온천장에서 공중도덕을 지키지 않는 사람이 많다. 대야가 모자라는 데도 두 개씩 차지하는 사람, 화장한 얼굴 씻지 않고 바로 탕 안으로 들어가는 사람, 일회용 샴푸 쓰고 바닥에 두는 사람, 탕 둘레에 앉아서 바가지로 몸에 물 끼얹는 사람, 냉탕에서 수영 요란하게 하는 사람 등등.

수돗물 틀어놓고 씻는 세 모녀, 친정엄마란 사람은 나잇값이라는 게 있건만 그 어머니에 그 딸이다. 그들은 저네 집의 수돗물은 그렇게 흥청망청 쓰지 않을 것이다. 네 것 닳나 내 것 닳나 못되어 먹은 심보로 온천장 물을 그렇게 쓰는 것 같다.

유엔 국제인구 행동연구소가 발표한 31개 국가의 물 기근 또는 물 부족 국가 중에 우리나라가 끼었다고 한다. 앞으로 물 부족 국가끼리 물과 관련한 국제분쟁이 증가할 것이며 이미 물이 없어 어린이가 하루에도 몇천 명씩 사망하기도 한다니 심각한 문제가 아닐 수 없다. 추녀가 이런 내용까지는 모를지라도 우리나라가 물 부족국가라며 한 방울의 물이라도 아끼자는 티브이 공익광고는 눈이 있으니 보았을 것이요, 귀가 있으니 들었을 것인데 정말 추한 여자다.

옛날 사람들은 퍼도 퍼도 솟아나는 우물을 썼다. 우물 요금도 없었다. 그런데도 물을 아껴 썼다. 나물 씻은 물 그대로 버리지 않고 걸레 빨고 꽃밭에 뿌렸다. 비 오면 빗물 받아 빨래 씻었다.

나는 애들 키우면서 한 번도 물 아껴 쓰란 말은 하지 않았다. 그런데도 딸은 나와 공중목욕탕에 가면 수도꼭지를 매번 잠그며 나보다 더 물을 아껴 쓴다. 평소 행동으로 보여주니 그렇게 행동하는 것이다.

조왕에게 한 사발의 물로 안택(安宅)의 기도를 하는 일, 청춘 남녀가 자신들끼리 혼례를 치를 때 한 사발의 물을 떠 놓는 일, 조상 제사상에 빠져서는 안 되는 삼물, 음력 2월에 영동할매에게 드리는 장독대 위 사발 물, 점술가가 소반에 물 한 사발 떠 놓고 귀신 청해 점을 치는 일 등 물을 간구의 대상으로 삼는데 물을 무엇보다 신성시한 까닭이 아니겠는가. 물을 보이지 않는 불가사의한 어떤 위력을 가졌다고 생각하기에 자연 숭배의 으뜸으로 치는 것이다.

우리나라가 물 부족 국가라는 게 믿어지지 않는다. 그러나 물 부족 국가라니 미구에 물을 돈 쓰듯 해야 하는 때가 오지 않을까 걱정된다. 물로 인한 재앙이 온다면 이는 온천장의 저 추한 여자처럼 물을 아끼지 않고 펑펑 써 온 사람들 때문에 용왕이 내리는 벌이라 간주해도 좋을 듯하다.

사람은 사주팔자나 이름보다 관상이 좋아야 하고 관상보다는 심상이 좋아야 한다는 말이 있다.

추녀를 보며 생각한다. 저 여자는 심성이 나쁘니 복이 들어가다가도 "에구구, 잘못 왔구나" 하고 되돌아갈 것이라고.

매우 죄송합니다

집에 다니러 온 아들이 비디오테이프를 돌린다. 텔레비전 화면에 넓은 바다가 펼쳐지고 거기 내 모습이 나타난다. 다른 사람도 등장하지만 내 모습이 자주 나타난다.

티브이를 볼 때 연예인들은 자신이 말하고 행동하는 모습을 화면으로 볼 수 있어 좋겠다는 생각을 한 적이 있다. 그런데 화면 속의 나를 보니 좋기는커녕 너무나 실망스럽다. 키가 작아서이다. 내 키 작음을 모르고 살아온 게 아니면서 새삼스레 왜 이리 실망이 큰지 모르겠다. 바다가 하도 넓어 내가 저리도 작아 보이는가?

지난 초여름 우리 부부와 아들 며느리 사위 딸 여섯 식구는 정확히 말해서 며느리 배 속의 8개월 된 아기까지 일곱 식구는 영덕엘 갔다. 주말드라마 「그대 그리고 나」 촬영장소도 보며 해안선 도로를 달릴 때 즐거웠고 아들이 통통하게 밴 게 알을 발라 연신 내 앞에 놓아주는 점심 식사도, 사위의 카메라 앞에서 포즈 잡는 일도 즐거웠다. 그러나 바닷가 모래밭에서의 시간이 제일 즐거웠다. 철썩 물보라 일으키며 곤두박질 한 번 치고 하얀 거품 물고 달려왔다가는 쏜살같이 달려가는 바닷물. 그 물에 바짓가랑이 다 젖어도 즐거웠다. 아니 그냥 갈매기 한가로이 노니는 망망한 바다를 바라보는 일만으로도 즐거웠다. 아들이 열심히 비디오를 찍던 그때 "으응 비디오 촬영을 하는구나" 하였지 집에 와서 화면 속의 나를 보고 이리 신망할 줄은 몰랐다.

내 키가 작긴 하지만 키 작은 것에 크게 고민하지 않고 살았다. 나와 비슷한 키의 친구는 키가 조금만 컸으면 하고 키 타령을 할 때 나는 얼굴이 좀 예뻤으면 하고 얼굴 타령을 했었다. 두 가지 중 한 가지를 선택하여 바라는 바가 이루어진다면 친구는 키 크기를 원하였고 나는 얼굴 예쁘기를 원했다.

새댁 시절에 어머님이 마실 온 친구분에게 "키 큰 며느리 보고 싶었는데 그것도 뜻대로 안 되는구먼" 하실 때 나는 속으로 '하이고 당신 키도 작으면서 어떻게 저리 말할 수 있을까? 키 큰 며느리 보셨더라면 하는 일 마음에 안 들 때마다 키는 멀대같이 커 가지고 쯧쯧 하셨을 거면서' 했다.

그러나 내 어찌 키 작음을 비관하지 않았겠는가. 키가 1cm 만, 아니 그 반만이라도 컸으면 좋겠단 생각을 한 적이 여러 번이었는데 외출복을 입고 거울 앞에 서 있을 때였다. 아무리 좋은 옷을 입어도 키가 작으니 맵시가 안 나는 것이다. 그래서 특별한 나들이를 할 때는 딸아이를 앉혀 놓고 있는 수 대로의 옷을 꺼내서 한바탕의 패션쇼를 벌인다. 진지한 눈으로 엄격한 심사위원이 된 딸은 벽에 턱 하니 기대앉아서 주름치마, 바지, 긴치마, 낙하산 치마 등 깡그리 고개를 좌우로 흔들며 '아니오' 판정이다. 짧은 타이트스커트의 정장 투피스를 입으라는 전에도 내렸었던 결정을 또 내리는 것이다. 그런데 '엄마에겐 짧은 타이트스커트의 투피스가 제일 잘 어울려요' 하면 될 것을 꼭 "키 작은 사람에겐 짧은 타이트스커트의 투피스가 제일 잘 어울려요" 한다. 그 '키 작은' 세 글자에 힘까지 주며.

새 옷을 사 놓고 딸아이 충고에 그 옷을 입지 못할 때가 많다. 옷 스타일에 관심 없다면 작은 키가 불만스럽지 않을 것이다. 그런데 사람들은 왜 큰 키를 좋아하는지 모르겠다. 결혼할 남녀 중매 때 키는 곧잘 거론되지 않는가. 작은 키

흠잡는 소리는 들었어도 큰 키를 약점 두지 않음을 봤다. 작은 키는 미관상 보기에 덜 좋다는 것인가?

미관상 보기에 안 좋다!

내 키가 작아 사람들 눈에 보는 즐거움을 주지 못했을망정 피해는 주지 않았건만 괜스레 미안하다.

그런데 이상한 게 있다. 키 작은 여자는 키 큰 남자 만나 잘 살고 키 큰 여자는 키 작은 남자 만나 잘 사는 걸 주위에서 많이 보는 게 그것이다.

어느 코미디언은 "못생겨서 죄송합니다"라고 했는데 나도 한마디 한다.

"키가 작아서 매우 죄송합니다."

화투와 인투

나도 화투를 칠 줄 안다. 어릴 때 언니 오빠들이 화투를 칠 때 나도 가끔 끼워주어서 배웠다. 육백이라는 화투는 둘이서만 해야 하는 모양으로 큰오빠와 작은오빠 둘이서만 하고 작은언니와 나는 끼워주지 않아서 못 배웠다.

몰라도 괜찮았다. 민화투만 칠 줄 알아도 내 딴에는 대견했기 때문이다. 그런데 어느 날 화투 치는 장면을 큰집에 사시면서 한 번씩 들르시는 할아버지에게 들켰다. 할아버지는 크게 노하셨고 화투장은 아궁이로 들어갔다. 할아버지는 다시는 화투를 치지 않겠다는 다짐을 단체로 받아내고 가셨다. 화투가 사행심을 조장하고 도박으로까지 갈 수 있다고는 하지만 식구끼리 하는데 그렇게 화를 내고 야단치실 줄은 몰랐다.

사실 화투는 뭐라도 걸어놓고 해야지만 재미있지 그냥 하는 화투치기는 재미가 없긴 했다. 우리는 주로 이긴 사람이 진 사람한테 이마에 알밤을 주거나 검지, 왕 손가락을 펴서 손목을 때리는 것이 고작이었지만 그런 건 할아버지에겐 관심이 없다. 화투를 쳤다는 그 자체가 싫고 용납 안 되는 것이었다. 큰집, 작은집, 우리 집에 화투짝 하나라도 보이면 아궁이 깊숙이 던지시는 할아버지시다.

화투를 못 치고 심심하게 지내던 어느 날 화투 대신 놀이를 할 수 있는 '인투'를 작은오빠가 만들었다. 인투는 국어사전에는 없는 작은오빠가 지은 이름인데 세계 열두 나라를 정해 한 나라에 역사 속의 인물 네 명씩 그려 화투처럼 만든 것이다. 석가, 예수, 공자, 소크라테스의 4대 성인은 물론 나폴레옹, 셰익스피어, 링컨, 잔 다르크, 괴테 등등 각 나라 국민이 추앙하는 위인이다. 화투처럼 광(20), 열(10), 띠(5), 쭉정이를 정했는데 우리나라는 화투장에 인기 있는 비처럼 광에 세종대왕, 열에 이순신, 띠에 유관순, 쭉정이에 민영환이다. 다른 나라는 쭉정이를 두 개 했음은 물론이다. 화투의 미련이 역력히 담긴 인투다.

그때 작은오빠는 중학생이었는데 인투에 그려진 위인들의 초상화가 책에서 본 것과 똑같아 그림 실력에 놀랐다. 우리는 그 인투로 민화투처럼 치기도 했는데 화투만큼 재미있지는 않았다. 그래서 다른 방법으로 놀았다. 즉 마흔여덟 장의 인투 장을 모조리 바닥에 펴놓고 한 명이 어떤 인물을 말하면 집어서 가지고 가기였다. 큰언니, 큰오빠, 작은오빠, 작은언니, 나 이렇게 다섯 명이 주로 했는데 가끔 엄마도 끼워달라고 하여 여섯이 하기도 했다. 이 놀이는 많이 가지고 간 순서대로 등수를 가리는 것이다. 순발력이 있어야 유리하다.

또 한 방법은 인투 장을 낱낱이 엎어놓고 한 명이 두 장을 양손으로 한 번에 뒤집지 않고 따로따로 뒤집어 보고 같은 나라 인물이면 가지고 가고 아니면 도로 엎어 놓는다. 이때 잘 보고 기억해 두어야 한다. 다음 자신의 차례 때 같은 나라 인물의 인투 장을 뒤집어 가지고 갈 수 있기 때문이다. 같은 나라 것을 집었으면 계속 두 장을 뒤집어 보는 자격이 부여되는 것이다. 이 놀이 역시 많이 가지고 가기다. 눈썰미와 기억력이 좋아야 많이 가지고 갈 수 있는데 어찌 된 셈인지 내가 많이 가져오는 때가 여러 번이었다. “또 순혜가 1등이구나?” 하시는 엄마의 칭찬이 기분 좋았었는데 어리다고 봐 준 것 같다.

결혼 후 남편의 직장으로 하여 시댁에 살다가 객지로 가서 살다가 다시 시댁으로 들어와 사는 일을 반복할 때 시댁에 그 몇 년 동안 한결같은 게 하나 있는데 그게 어머님의 방에서 벌어지는 화투 놀이다. 사람 오는 걸 좋아하시는 어머님의 방은 친구분들의 사랑방이었고 늘 화투 놀이가 벌어지곤 했다.

6cm, 3cm, 1.5cm 정도로 자른 50원, 10원, 5원의 돈 구실을 하는 나뭇가지가 헌 도시락통에 담겨 있다. 화투 한판이 끝나 어느 분이 35를 따면 3cm 길이의 나뭇가지 세 개와 제일 짧은 나뭇가지 한 개를 집어 본인 앞에 갖다 놓는다. 그게 35원이므로. 그런 식으로 100이 되면 그때야 미리 100원씩 내어 방석에 묻어둔 돈 중에서 100원을 가지고 간다. 이때 다른 사람들이 따 놓은 나뭇가지는 다음 판으로 유효하게 이어가고 100원을 딴 사람은 나뭇가지를 통에 도로 갖다 놓고 새로 따 올라가는 것이다. 숫자 쓰기가 어렵고 외우기도 복잡하니까 우리 어머님이 지혜를 짜서 내놓은 비상한 나뭇가지 계산법이다.

농번기를 빼고 거의 매일 하는 어머니들의 화투 놀이를 보며 나는 저 화투가 없으면 소외되고 소일거리 없는 농촌의 노인들이 무엇으로 무료함을 달래고 무슨 낙으로 사실까 하는 생각을 하곤 했다.

화투로 노름판을 벌여 1년 동안 피땀 흘려 지은 농사를 털어먹었다는 농민 이야기가 겨울철이 되면 심심찮게 들려왔다. 고스톱판이 적발되어 좌천당하는 직장인, 화투로 도박을 하다가 쇠고랑을 차는 사람, 도박 중에 시비가 벌어져 살인까지 하는 사람 등 화투로 인한 불상사가 그즈음 생기곤 하였다. 그러나 어머님 방에서는 화투 치며 언성 높이는 일은 한 번도 없고 늘 웃는 소리가 났고 분위기는 화기애애하였다. 그래서 내 입가에 미소가 절로 번져지기도 하였었다. 화투 치는 일이 무조건 나쁘다고 생각되지 않았다. 치매 예방에 좋다는 말도 사실이란 생각이 들었다.

나도 고스톱은 못해도 남들이 싱거워서 싫다고들 하는 민화투는 잘 친다. 그 싱거운 민화투 치기를 한번 해 보고 싶은 생각이 어쩌다가 불쑥 들기도 하지만 곧 잊는다. 또한 식구들과 뼁 둘러앉아 민투를 치던 그때 그 시절을 문득문득 그리워도 하지만 바쁜 일상에 또 잊는다.

4

금강산 기행

제4집 『엉겅퀴의 절규』 중에서

눈 이야기

어느 문예지에서 원고 청탁을 하며 3년 안에 찍은 사진을 보내라고 한다.

'3년 안에 찍은 사진이라!'

컴퓨터를 열어 사진 창고를 뒤지고 두꺼운 앨범을 꺼내 찾아도 3년 안에 찍은 독사진이 없다. 근년에 와서 사진을 안 찍었기 때문이다.

여자들은 나이가 들면 사진 찍기를 꺼린다. 함께 여행지에서 사진을 찍을라치면 배경을 많이 넣고 사람은 작게 보이도록 찍으라는 주문이다. 한 해가 다르게 변한 모습을 사진이 확인시켜 주니 누가 사진을 찍고 싶겠는가. 나는 문단 생활을 하니 독사진이 필요한데 덩달아 사진을 안 찍으니 이렇게 사진이 필요할 때 당황하게 된다.

오래전이었다. 농촌 진흥원 부원장으로 계셨던 4촌 오빠가 일주일 동안 TV 출연을 한다고 했다. 큰집의 세 오빠 중에서 끝에 오빠라고 '끄등오빠'라 불렀는데 이 오빠는 눈이 서글서글 커서 그 눈으로 하여 영화배우 같다며 우리 사촌 동생들은 참 좋아했다. 그런데 TV 속의 오빠를 보고 나는 적지 아니 놀랐다. 눈이 아주 작아져 있어서였다. 그 후 나는 사람들의 눈에 관심이 갔고 눈을 훔쳐보는 버릇까지 생겼다.

사람이 나이 들면서 누구나 똑같이 신체가 노화가 되는 게 아니다. 목주름이 먼저 생기는 사람, 손등이 먼저 주름지는 사람, 머리숱이 먼저 빠지는 사람, 얼굴이 먼저 주름지는 사람, 시력이 먼저 나빠지는 사람, 허리가 먼저 굽는 사람 등등.

그런데 외관상으로 볼 때 신체에 차별 없이 나이 들어 보이게 하는 게 있으니 그게 눈이라고 생각한다. 코도 입도 아니고 오직 눈만은 누구나 똑같이 작아진다는 걸 느낄 수 있다.

나라고 예외가 아니다. 어느 날부터 나도 눈이 작아져 있음을 느꼈다. 눈의 변화가 당연하다는 걸 알면서도 마음이 왜 그리 시린지. 내 눈 비록 쌍꺼풀은 지지 않았어도 눈매가 곱다고, 쌍꺼풀진 눈보다 예쁘다고 큰언니가 몇 번씩이나 말하지 않았던가. 또 사춘기 때의 딸은 "엄마는 좋겠다, 눈이 예뻐서" 내 얼굴에 제 얼굴을 바짝 들이밀고 말했었는데.

자매지간이니까 또 딸이니까 내 눈이 예쁘게 보였겠지만 나 자신도 내 얼굴에서 제일 만족스러웠고 불만이 없었던 게 눈이었다. 그런데 어느 날 내 눈이 작아지고 처지고 더 이상 예쁜 눈이 아닌 미운 눈이 되어 있음을 알았다.

요즘은 쌍꺼풀 수술을 하고 처진 눈꺼풀을 자르는 수술을 받는 이들이 있지만 수술한 후 오래도록 어색하고 보기에 민망한 경우를 봤다. 그래서 나는 성형외과를 찾지 않았다. 그런데 의술의 힘을 빌리지 않고 눈을 자연스럽게 크게 보이게 할 수 있는 비법이 있다니 이 아니 반가운 소리인가. 귀담아 들었다.

눈을 크게 떠서 다니라고 한다.

눈을 크게 떠서 다니다가 이마에 원수 같은 주름 생길까 두려워 그 방법 못쓰겠다. 자칫하면 눈 흘기는 것 같이 보이기도 하겠기에 더욱.

안구 운동을 하며 눈을 상하로 좌우로 굴리라고 한다.

평소 운동에 게으른 내가 안구 운동도 운동이라 생각되어서인지 너무 귀찮게 여겨지며 신빙성을 못 느껴 싫다.

눈을 자주 깜빡거리라는 주문도 있다.

이거 실천하다가 때와 장소를 가리지 않고 눈을 깜빡거리는 버릇이 생길까 두렵다. 모르는 남자 앞에서 깜빡 잊고 눈을 깜빡거리다가 윙크한다는 괜한 오해를 살지도 모르니 이것도 통과다.

새벽에 일어나 먼 산을 바라보라고 한다.

이건 영락없이 실연당한 여자의 모습이겠다. 어둠살 벗겨지지 않은 새벽에 먼 산이 어디 보이며 아침밥은 누가 짓는가?

숟가락 두 개를 냉동실에 넣어 밤새도록 얼렸다가 아침에 일어나서 눈두덩을 문지르라고 한다.

내 눈두덩은 부어 있지도 않을뿐더러 안 그래도 얇은 눈두덩 움푹 들어갈까 봐 그 짓도 못 하겠다.

그러고 보니 이것도 싫고 저것도 싫다. 돈도 안 든다고 하여 귀담아들은 방법들이 하나 같이 마음에 안 든다. 게으른 탓일까. 게으른 미인 없다는데 게으른 나는 그냥 이대로 사는 수밖에 없으렷다.

작아진 눈으로 그냥 살겠다고 마음먹으니 마음이 편하여지고 안도의 숨까지 쉬어진다. 그나마 눈만 심술을 부려 놓고, 입, 코, 귀는 그대로 둔 세월이 어찌 생각하니 고맙다. 내 눈 비록 작아졌어도 보일 건 다 보이니 단추 구멍만 하게 됐으면 어떠며 산돼지 눈처럼 삼각형의 눈이 됐으면 또 어떠리.

그나저나 그 문예지에 보낼 3년 안에 찍은 사진 없어 어쩌나.

사진을 찍어야겠다. 올해는 내년보다 젊고 오늘은 내일보다 더 젊어 보일 눈, 지금 곧 독사진 한 장 찍어야겠다.

엉겅퀴꽃의 절규

"어머머! 어제는 꽃이 예쁘게 피었었는데 왜 벌써 이렇지? 민들레 씨앗 같네. 솜사탕 같기도 하고."

한 여인이 내게 다가와 혼자 말하며 의아한 표정을 짓습니다.

차라리 민들레 씨앗이라면 좋겠습니다. 차라리 솜사탕이라면 좋겠습니다. 그러나 나는 민들레 씨앗도 아니며 솜사탕도 아닙니다. 나는 보랏빛 어여쁜 엉겅퀴꽃입니다. 아니 꽃이었습니다. 어제까지는 꽃이었으나 이제는 꽃이 아니니 꽃입니다라고 말할 수 없겠지요.

피었다 지는 자연의 순리 따라 화무십일홍의 운명을 잘 압니다. 그래서 내가 서 있는 여기 어느 묘지 뒤에서 죽는 날까지 예쁘게 꽃 피어 있다가 씨앗을 퍼뜨리는 사명을 다하리라 하였습니다. 그러나 나의 소박한 꿈은 스테인리스 약통을 둘러매고 온 묘지기에 의해 산산조각이 났습니다. 나는 비명 한마디 지르지 못하고 마귀할멈 같은 얼굴이 되었습니다. 날벼락도 이런 날벼락이 없습니다.

사람도 얼굴이 망가지는 일이 더러 있긴 하는 것 같습니다. 대형 화재로 얼굴이 흉측하게 된다든가 아니면 성형수술을 받다가 잘못되어서 얼굴이 이상하게 되는 경우가 있지요.

나는 장미꽃같이 화려하지는 않아도, 구절초 같은 향긋한 내음은 없어도 수수한 산골 아가씨처럼 보랏빛 단아한 얼굴로 조용히 여름 산속을 지키고 싶었습니다. 그런데 지은 죄 없이 하루아침에 이 모양이 되었습니다. 덴마크의 침입을 막아 스코틀랜드의 승리를 거두게 한, 그래서 스코틀랜드의 국화로까지 지정된 잎사귀의 사나운 가시도 약통을 맨 묘지기 앞에선 맥을 못 추었습니다.

나에게는 사람이 먹었을 때 죽거나 죽을 고비를 넘기게 하는 독성이 없습니다. 오히려 식용이나 약용으로 쓸 수 있는 따지고 보면 귀한 대접을 받아야 할 식물입니다. 그래서 혹 관절염을 앓는 어느 할머니의 통증을 완화 시키기 위해서나 애주가 아저씨의 간 기능을 좋게 하려고 내 몸이 통째로 베어졌다 해도 이리 억울하지는 않을 것입니다. 아니 퇴비로 만들어 식물 성장에 도움이 되기 위해 낫으로 싹둑 베어졌다 해도 이리 분통이 터질까요?

저기 저쪽 소나무 숲속에 있는 엉겅퀴가 부럽습니다. 사람이 부모를 선택하여 태어날 수 없고 고향도 선택할 수 없듯이 나도 어쩌다가 어느 묘지 뒤에서 태어났습니다. 그러나 여기 태어난 걸 한 번도 한탄스러워하지 않았습니다. 그저 이 자리에서 보아주는 이 없어도 그냥 엉겅퀴 이름의 식물이면 했습니다.

압니다. 묘지기는 내가 미워서 농약을 살포하지 않았다는 걸요. 가시 줄기를 소름 돋도록 달고 사방팔방 막무가내로 뻗는 환삼덩굴, 쉽게 뽑히지 않는 쇠뜨기, 번식력 강한 개망초, 예쁜 구석 하난 없는 명아주 그리고 여뀌 등이 묘지 둔덕을 덮고 있으니 농약 살포를 했다는 걸요. 그러나 빈대 죽이려다 초가 태우듯 잡초 죽이려다 독한 농약이 묘소 안으로 스며든다는 생각은 어찌하여 안 들었는지 안타깝기 그지없습니다.

초록 물결을 이루며 생동감 넘치는 산과 들, 그러나 내가 서 있는 여기는 한겨울 들판 같은 황량하고 을씨년스러움입니다.

나를 보고 놀란 여인에게 말하고 싶습니다. 나 다시 태어난다면 무덤가에서는 태어나지 않고 싶다고요.

항아리의 독백

톡 하고 손으로 건드리면 바스스 부서질 것 같은 회색빛 이엉이 머리에 얹혀 있습니다. 모양 없는 크고 작은 돌들이 박혀 있는 나지막한 토담에 말입니다. 그 토담 아래 이 몸은 멋쩍게 서 있습니다.

생각해 봤습니다. 내가 왜 이 자리에 있어야 하는지를. 암만 생각해도 여긴 내가 있을 자리가 아닌 것 같습니다. 철저히 버려진 몸이라는 생각을 떨쳐버릴 수가 없습니다. 목욕을 하도 안 해서 몰골은 말이 아닙니다. 그 누가 한 번도 씻겨주지 않는 내 몸, 가끔 하늘에서 내려주는 비로 샤워는 합니다. 그러나 비 샤워를 한 날의 내 몸은 더욱 추하답니다. 튀어 오른 흙탕물로 하여 아랫도리가 지저분하기 이를 데가 없습니다.

여기 이 자리에 버려지기 전에 나는 귀한 몸이었습니다. 옹기전에 있을 때 어느 안목 있는 여염집 여인의 눈에 들어 쌀을 담는 용도로 쓰이며 그 집 도장 한 자리를 차지하였지요. 주인은 자주 내 몸을 닦아주었고 아주 소중히 다루었어요. 그런데 어느 날 안주인이 세상을 떠난 후 나는 며느리인 젊은 주인에 의해 천덕꾸러기가 되었습니다. 젊은 주인은 내 몸을 닦아주지 않았습니다.

주인이 아파트로 이사를 하게 되었습니다. 나는 주인에게 골치 아픈 존재가 되었습니다. 나를 몽둥이로 후려쳐 박살을 내어 어느 도랑 가에 버리지 않을까 불안했는데 다행히 누군가에 의해 여기 이 자리에 오게 되었습니다. 여기가 사극 드라마를 찍는 세트장이라 관광객이 몰려드니 볼거리의 하나로 선택되었나 봅니다.

내 몸이 윤기가 없는 것으로 보아 나는 나뭇잎을 태워서 만든 재로 천연 약토 잿물을 사용하여 섭씨 1200도 정도의 높은 온도에서 구워진 옹기임이 틀림없습니다. 나 같은 옹기그릇이 인체에는 무해하지요. 그런데 요즘 사람들은 납 성분인 광명단을 이용하여 낮은 온도에서 구워내어 표면이 매끄럽고 보기에 좋은 옹기를 선호하는 경향이 많더군요.

어느 날 내 옆에 친구가 와 섰습니다. 아마 나처럼 버림받은 몸일 것입니다. 이 친구는 조금은 번질거려 인물 좋구나 하고 보니 어디서 본 듯한 모양입니다. 백년해로할 신부 선보듯 훑어보았습니다. 키가 작달막하고 운두가 좁은 것이 어째 시골 농가의 통시 앞에 있던 똥 장군 같다는 생각이 들었습니다.

요즘 애들은 통시가 뭔지 모르겠지만 지금 불리는 화장실이 옛날에는 통시였다가 변소, 변소에서 화장실이란 이름으로 바뀌었다고 생각하면 됩니다. 내 옆 똥장군은 찌그러져 가는 초가 통시 옆에 있어야 제격일 텐데 어이 이리 오게 되었는지 모르겠습니다.

나이 드신 관광객들이 우리에게 정겨운 눈길을 더러 보내긴 하지만 젊은 사람들은 관심이 없는 듯 눈길도 안 주고 그냥 지나갑니다. 저쪽 찌그러져 가는 초가지붕 아래 암탉이 알 낳던 짚둥우리나 한 귀퉁이 사납게 찢어져 먼지 팍 뒤집어쓰고 벽에 걸려 있는 떡가루 치던 채, 담 위에 덩그렇게 걸려 있는 길마엔 신기한 눈길을 보내면서 말입니다. 이건 무엇을 뜻합니까? 아직까지는 옹기그릇이 옛것이 되지 않는 물건이고 생활 속에서 많이 쓰이고 있다는 증거가 아니겠습니까?

늘어나는 아파트와 김치냉장고의 등장으로 우리 항아리들이 갈 곳을 잃은 것 같아도 주택에서는 아직 옹기 항아리를 사용하는 집이 많음을 압니다. 요즘은 옹기 항아리를 곡식이나 장류를 담는 그릇으로만 생각하지 않는 것 같습니다. 우리야 여기 초라한 담 아래 내버려진 듯 엎디어 있지만 어떤 관광지에는 그야말로 구경거리의 하나로 빈 옹기 항아리를 줄지어 진열해 놓은 곳이 있더군요.

사찰마다 마당 한쪽에 늘어선 옹기 항아리를 보셨나요? 전국에 흔하게 있는 민속박물관이나 한옥마을 같은 데에 반드시 장독대가 끼어 있지 않습니까? 나와 내 옆 똥장군은 못나서 그런 장소에 끼이지 못하는 건 인정합니다. 그런데 못나서 버려진 게 아니라 못난 관계로 여기로 특별히 모셔져 왔다고 생각을 하니 기분이 한결 달라집니다.

그러나 날이면 날마다 못난 엉덩이 치켜세워 물구나무서는 벌만 서는 건 싫습니다. 우리도 가끔은 바로 서 있고 싶습니다. 입 벌려 게으른 하품도 하고 싶고 늘어지게 기지개도 켜고 싶습니다. 비가 내려 하나 가득 물을 받아놓고 있으면 세상 예쁘게 사는 여인이 다가와 '아! 아!' 하고 작게 소리를 칠 것 같습니다. 하늘에 반짝이는 무수한 별들이 내려앉아 밤의 향연을 펴고 구름 사이로 숨바꼭질하던 반달이 살포시 내려와 조각배를 띄울 것 같습니다.

그러나 그건 한낱 꿈에 지나지 않겠지요. 여기 관리인이 시키는 대로 우리는 날이면 날마다 엎드려뻗쳐 하고 있어야 그나마 목숨을 부지할 것 같기 때문입니다.

벚나무 아래 앉아서

집에 가야지, 가야지 하면서도 꼼짝하지 않고 앉아 있다. 3월 4월을 꽃 피는 봄, 희망의 봄이라고 하지만 계절이 거꾸로 가는 듯 눈발이 휘날리는 날이 많고 황사 바람이 추위까지 몰고 오는 날이 잦다. 그래서 나는 3월 4월이 계모 같은 겨울보다 싫을 때도 있다.

변덕 많은 봄을 보내고 나서 춥지도 덥지도 않은 5월을 맞으면 나는 바람난 계집애처럼 마구 쏘다니고 싶어 안달이 난다. 5월인 요즘 계절의 여왕답게 날씨는 날마다 화창하다. 가벼운 옷차림으로 뒤 냇가 제방으로 갔다. 둑길 양쪽으로 서 있는 벚나무가 지난해만 해도 애나무였었는데 그새 많이도 자라 나뭇가지가 서로 닿아 완전 터널을 이루고 있다.

속삭이듯 불어오는 미풍에 연두색 나뭇잎은 강아지 꼬리 흔들 듯 살랑거린다. 꽃이 피었을 때는 화사해서 좋더니 초여름으로 들어서니 무성한 잎사귀로 그늘을 만들어 주어 꽃 피었을 때보다 더 좋은 것 같다.

둑길 아래 공원에 핀 빨간 장미꽃, 진한 향기 내뿜어 벌과 나비 유혹하는 하얀 찔레꽃, 노란 금계국, 달걀구이 망초꽃 저마다 다른 색깔과 다른 모양의 꽃들이 예쁘지 않은 게 없다.

둑길을 걷다가 시냇가를 향해 벚나무 아래에 앉았다. 조약돌이 훤히 보이도록 맑은 시냇물이 얕게 흐르고 있다. 뛰어 들어가 퐁당 물에 발 담그고 싶다. 이 5월이 가고 6월도 가고 7월이 오면 꾸어서도 한다는 장마가 질 것이다. 그러면 저 맑은 시냇물은 시뻘건 황토물로 변하여 성난 들개처럼 으르렁거리며 시끄럽게 흘러가겠지.

5월은 참으로 아름답고 좋은 달이다. 그런데 로버트 브리지스는 이렇게 아름다운 5월을 두고 어찌하여 '오 인생은 즐거워라 6월이 오면'이라 하면서 6월을 노래했는지 모르겠다.

갑자기 헬기 한 대가 둔탁한 소리를 내며 내 머리 위에서 나는가 했더니 시냇물 저쪽 모래밭에 앉는다. 문이 열리고 흰 가운 입은 두 사람이 들것을 양쪽에서 들고 내리고 들것에 누운 젊은 듯한 여인이 일어나 내린다. 그리고는 두 사람의 부축을 받으며 좀 전부터 서 있는 저쪽 승용차로 간다. 헬기엔 삼성의료원이라 쓰여 있다.

헬기에서 내린 여인을 보자 우리 아파트의 나희 엄마 생각이 난다. 그녀는 집에 있을 때면 행주치마 두르고 있는 시간이 더 많다. 쓸고 닦고, 쓸고 닦고 집을 항상 얼음 알같이 해놓고 산다. 걸레통의 걸레는 언제나 새 수건 물 적셔 짜놓은 듯 깨끗하다. 그렇게 살림 잘하는 그녀가 어느 날부터의 잦은 구역질로 찾은 병원에서 빨리 큰 병원으로 가라는 지시를 받았다. 도시 큰 병원에서는 뜻밖에도 담낭암이라는 진단을 내렸다. 평소 가벼운 감기에도 으레 병원을 찾았고 약간 과체중인데도 살 뺀다며 애쓴 그녀 몸속에 담낭암이 생겼다니 놀라지 않을 수 없다. 그녀는 두 군데의 병원에서 치료만 받다가 영영 일어나지 못하고 먼 길을 갔다.

아름다운 5월이라며, 즐거운 5월이라며 조금 전까지의 좋은 기분은 내게서 사라졌다. 내 마음 어둡게 만든 헬기는 사라졌는데, 해는 중천에 있는데 나는 일어나지 않고 있다. 태어나고, 늙고, 병들고, 죽는 이것이 인생의 순서이련만 무엇이 생로병사의 오류를 일으키는지 알 수가 없다.

기운이 빠지는 것 같다. 이제 일어나야겠다.

금강산 기행

구룡연

어느 날 티브이를 통해 금강산 관광객을 보면서 "아, 나도 금강산 가고 싶다"라고 했다. 그때 남편은 금강산을 가면 우리가 내는 관광비 일부가 북한 정부에 현금으로 들어간다며 시큰둥해했다. 그래도 금강산 타령을 몇 번 더 했더니 신청을 하여 육로를 이용하여 금강산행 버스에 올랐다. 설악산 근처에서 하룻밤 자고 새벽 4시에 출발했다.

초입의 금수다리, 만경다리를 지나 금강산의 5대 돌문 중 하나인 금강문을 지나면서 본격적인 등산이 시작되었다. 큰 바위 사이로 흐르는 신계천의 맑은 물, 산도 계곡도 깨끗하다.

펑퍼짐한 바위 하나, '무대바위'라고 빨간 글씨로 크게 써 놓았고 그 아래 '선녀들이 내려와 춤을 춘 바위'라고 작게 써 놓았다.

우리 앞에 50대로 보이는 부부가 가는데 환자 같은 남자가 너무나 힘들어했다. 부산에서 왔다며 앞에 간 일행이 있는데 혹시 자신들을 찾으면 중간에서 포기했으니 기다리지 말라는 말 좀 전해 달라고 한다. 금강산이 동네 산도 아니고 큰맘 먹고 왔을 텐데 딱했다. 몸 아픈 남자보다 건강한 데도 남편 때문에 포기해야 하는 여자가 나는 더 딱하게 여겨졌다.

구룡폭포를 향해 가다가 먼저 비룡폭포를 본다. 금강산 4대 폭포 중의 하나로 높이가 139m로 우리나라 폭포 중에 제일 높다고 한다. 세존봉의 높은 중턱에서 층층으로 이루어진 바위벽을 타고 흘러내리는데 봉황새가 날개를 펴고 꼬리를 휘저으며 하늘 높이 날아오르는 것 같다고 하여 비룡폭포라 한단다. 이 비룡폭포를 유홍준은 명주 폭을 늘어뜨린 형태라고 했는데 과연 그렇구나 싶다.

봉황새가 춤추는 것 같다고 하여 이름 지어진 무봉폭포와 하늘나라 선녀가 금강산에 놀러 왔다가 실수로 두 알의 구슬을 떨어뜨리고 갔다는 연주담을 본다. 초록 물감을 진하게 풀어놓은 것 같다. 이어 너무나 유명한 구룡폭포 앞 관폭정에 올랐다. 개성 대흥산의 박연폭포와 설악산의 대승폭포와 함께 우리나라 3대로 손꼽히는 구룡폭포다. 요즘 연이은 가뭄에도 물줄기가 세다. 그 물로 하여 파인 구룡연, 옛날 금강산을 지키는 아홉 마리 용이 살며 불의를 막았다는 전설이 있다.

상팔담

관폭정에서 내려가다가 출렁다리를 건너서 상팔담 오르는 길로 접어든다. 상팔담 가는 길은 초입부터 힘이 든다. 아직 멀었냐는 물음이 내려오는 사람들에게 절로 나왔다.

"허허허, 묻들 마시라요. 이제 시작인데."

자연석의 계단도 많고 수직으로 된 철 사다리는 어찌나 많은지 18개라고 한다. 철계단은 345개라고 하고.

이 상팔담을 옛날에는 오를 엄두를 못 냈으며 탑승길로 들어선 지는 얼마 되지 않았다고 한다. 조선시대 문인들이 오르지 못했으므로 남긴 시도 없다니 얼마나 가파르고 힘이 드는지 짐작이 갈 것이다.

금강산 관광 신청을 하고부터 아버지 생각이 가끔 났는데 이 상팔담을 힘겹게 오르면서는 자주 났다. 자손이라고 다 조상이 돌봐주는 게 아니며 나는 어려움을 당할 때마다 아버지가 돌봐주신다고 한 어느 점술가의 말이 상팔담 오르는 길이 하도 힘들어 떠올려지나 보다.

"아버지! 아버지의 셋째 딸 지금 금강산 상팔담을 오르고 있습니다. 가파른 쇠사다리가 너무 많아 힘이 듭니다. 저에게 힘 좀 실어 주세요."

구원을 요청하고 나니 왈칵 눈물이 쏟아진다. 평소 어려움이 있어도 아버지를 찾지 않았는데 금강산에 와서 왜 아버지 도움을 생각한 건지? 아버지가 이 북녘땅에 묻혀 있기 때문이리라.

"북녘땅 여기까지 와서 아버지 뵙지 못하고 되돌아가야만 하는 저를 용서해 주세요. 엄마도 돌아가시고 아버지 얼굴 모르고 자란 막내 윤혜도 유명을 달리하였습니다. 남은 6남매가 아버지 뵈러 평양의 재북인사릉에 가고 싶지만 꿈이 실현된다고 해도 큰언니와 작은오빠의 장거리 여행이 어렵습니다. 4남매라도 아버지 뵈러 갈 날이 어서 오기를 바랍니다. 통일이 오면 아버지 묘를 어머니 묘 옆에 아버지 바지저고리 한 벌 묻어놓은 가묘에 이장시키려 했는데 이제는 통일이 되어도 그렇게 하지 못할 것 같습니다."

제2대 국회의원이셨던 아버지가 6.25전쟁 때 납북을 당하셨다는 건 몇 차례의 신문 기사로 알고 있었지만 언제 돌아가시고 어디에 묻히셨는지는 몰랐다. 그런데 지난 7월 어느 날의 신문 기사로 아버지가 62명의 6.25 납북 인사들과 함께 평양 재북인사릉에 안치되었음을 알게 되었다. 그동안 평양의 삼석 구역 정동, 형제산 구역 신미리, 용성 구역 용추동 등에 흩어진 납북 인사들 묘를 재북인사릉에 이장 시켰는데 남북민족작가대회 기간 중 남측 참가단의 요청에 따라 취재진에 공개하여 신문 기사화되어 알게 된 것이다.

구룡대에 올랐다. 두 명씩 앉아 있는 남자 환경안내원은 질서 있는 우리 관광객들로 하여 심심할 것 같다. 아니 입성도 좋고 하나같이 궁기 없는 얼굴들의 관광객 구경으로 심심하지 않을지도 모르겠다. 왜 그렇게 조용히 무표정하게 앉아 있는지.

힘들게 오른 만큼 쾌감 또한 크다. 둘러보는 모든 데가 아름답다. 하나 같이 잘생긴 소나무들은 웅장한 바위 사이사이에서 금강산의 멋진 풍광을 더해 주고 있다. 까마득히 먼 아래 여덟 개의 웅덩이, 즉 상팔담은 그 색이 진한 초록색이라 구룡대 높은 데서도 선명하게 보인다. 위에서 네 번째가 나무꾼과 선녀에 나오는 선녀가 옷을 벗고 목욕을 했다는 곳이라고 한다. 마지막 웅덩이 물이 구룡폭포로 떨어진다. 구룡대만도 경치가 너무 좋은데 가까이 일출봉, 월출봉, 채하봉이 경치 좋은 구룡대의 배경이 되어 주고 있다.

삼일포

상팔담에서 내려와 버스를 타고 온정각에 내렸다. 오후에 삼일포 관광을 해야 하여 점심을 예약해 놓은 옥류관으로 냅다 직행했다. 1960년 김일성 주석 지시로 평양 대동강 옥류교 옆에 평양 옥류관이 세워졌는데 이 옥류관은 평양 옥류관을 그대로 축소한 분점이라고 한다. 대형 텔레비전에서 흘러나오는 노래 '사우' '날 버린 남자'를 들으며 1만 5천 원짜리 평양냉면을 먹는데 맛이 없다. 남편도 맛없다고 한다. 양이 하도 많아서인 것 같다.

관동팔경의 하나로 여겨진 삼일포에 우뚝 선 현대 건물 단풍관은 김정일 국방위원장의 생모 김정숙이 삼일포를 찾은 것을 기념하기 위하여 지었다고 한다. 삼일포는 원래는 동해의 만이었으나 적벽강(남강)으로부터 밀려온 흙과 모래에 의하여 만의 입구가 막히면서 호수가 되었다. 그래서 그런지 호수가 바다처럼 넓다.

조장(가이드)을 따라 발걸음을 떼어 놓았다. 상팔담을 오를 때처럼 헉헉거리며 숨차하지 않고 편한 걸음걸이로.

봉래대 너럭바위에 관광객을 앉혀 놓고 얼굴색 까만 북한 환경안내원이 삼일포에 대한 유래를 설명하고 시도 한 구절 읊는다. 광대뼈가 튀어나오고 깡마른 이 청년은 표정이 밝고 웃기도 잘한다. 노래를 불러 달라고 하면 부른다는 말을 미리 조장에게 들어서 우리 일행 중 누군가가 노래를 시켰다. 안내원은 기다렸다는 듯이 목에 심줄이 생길 정도로 열창을 한다.

장군대에서는 여자 안내원이 노래를 부르고 설명을 한다. 과체중인 이 아가씨는 얼굴도 두루뭉술하다. 깡마르고 가무잡잡한 피부의 북한 사람만 보다가 처음으로 보는 비만인이라 신기했다.

만물상

이튿날 우리가 묵은 외금강 호텔에서 한식 뷔페로 아침 식사를 하고 짐을 다 꾸려서 나왔다. 나는 좀 바빴다. 도울 김용옥이 쓴 정몽헌 비문과 흰 국화의 바구니와 화병이 있는 정몽헌 유품안치소를 사진 찍기 위해서다.

타고 왔던 버스에 짐을 두고 배낭만 챙겨 만상정 주차장으로 가는 30인승 버스에 올랐다. 온정각 마당에는 현대 아산 직원들과 조장들이 일렬로 쭉 서 있다가 차가 출발하자 손을 흔들었다. 외금강 호텔 직원들도 나와서 손을 흔들고 우리도 손을 흔들어 주었다.

온정령 77개 굽이를 차를 타고 곡예를 하듯 올라 만상정 주차장에 내려 만물상 등산이 시작된다. 산봉우리에 운무가 짙게 깔려 아름다운 모습을 제대로 볼 수 없었으나 그건 그대로 또 멋지다. 안개 낀 날은 스님 이마 벗겨지는 날이라더니 안개가 걷히자 과연 햇살은 머리 위로 자르르 따사롭게 쏟아 내린다.

만물상 등산 코스는 가파르고 천선대로 오르는 쇠사다리는 길기도 하다. 하도 기니까 바로 세우지 않고 지그재그로 설치해 놓았다.

만물상은 바위가 만물의 형상을 하였다고 해서 이름 지어졌다. 구름이 덮일 때면 바위들이 움직이는 듯한 모양이 마치 하늘에서 신선들이 내리는 것 같다고 하여 이름 붙여진 신선암과 험상궂은 도깨비 얼굴을 가졌다는 귀면암이 기암괴석들 중에서 제일 인기다.

탑처럼 바위가 7층으로 층층이 올라앉은 칠층암, 하늘나라 선녀를 짝사랑하던 나무꾼이 안타까운 마음을 이기지 못하여 도끼로 바위를 찍어내어 가운데 부분이 패여 있다고 부르는 절부암, 가파른 급경사를 오르고 나서 이제 안심해도 된다는 뜻의 안심대, 하늘에서 선녀들이 내려와 놀았다는 천선대.

아, 아름답도다. 말이 필요 없다. 말 한마디 하다 보면 보아야 할 만물상 하나를 놓친다. 보고 찍고 보고 찍는 것이다. 세계 관광객이 가 보고 싶은 세 곳으로 미국의 그랜드캐니언과 브라질의 이과수 폭포와 우리나라 금강산을 꼽았다는 게 이해가 된다.

아무리 가물어도 아무리 비가 와도 더 줄지도 불어나지도 않는다는 돌짬에서 가늘게 솟아 나오는 샘물을 만난다. 이 물을 마시면 힘이 솟아올라 짚고 올라온 지팡이를 잊고 단숨에 칠선대를 오른다는 그 이름 망장천이다. 장수까지 한다니 누가 그냥 지나치고 싶겠는가. 금강산에서는 어느 계곡의 물도 다 마실 수 있다. 그런데도 이 망장천의 물을 한 모금 마시고 싶은 마음에 너도나도 가던 발걸음 멈추고 줄 서서 차례를 기다리다 마신다.

만물상 중턱에 작은 신축 건물이 있기에 저기는 뭐 하는 곳인데 들어가지 않고 바로 가는가 하고 남편에게 물으니 화장실이라고 한다. 아하! 화장실. 조장으로부터 익히 들은 화장실 사용법, 남자의 경우 1달러를 내며 큰 볼일을 볼 때는 2달러를 내는데 여자는 무조건 2달러를 낸다는 화장실, 식당에서건 기념품 파는 데서건 우리 돈 사용이 되지만 산중 화장실 사용 요금만큼은 달러를 지급해야 한다는 화장실이었다.

엉거주춤 서 있노라니 건물 옆에 앉아 있던 청년이 내가 화장실 가고 싶은 줄 아는 모양으로 화장실을 가리키며 오라고 한다. 내가 안 가고 카메라를 만지니 사진을 찍으라 하여 한 컷.

온천

오후에 온천을 했다. 온천장은 온정각에서 아주 가까이 있으나 우리는 버스를 타고 갔다. 15분마다 운행하는 온천행 버스다. 4시까지 모여야 하여 그 긴 시간이 지루해서라도 온천을 할 법한데 우리 일행 중 온천 가는 사람은 우리 부부와 다른 부부 두 명 네 명이 갔다. 뒤이어 많이 올 줄 알았는데 안 오는 게 아닌가. 1인당 1만 2천 원의 요금이 아까웠는가? 아니면 어젯밤에 했는가? 넓은 탕 안에 다섯 명이다.

"어머, 우리 전세 낸 것 같아요. 이렇게 좋은데 왜들 안 오지요?" 함께한 부인이 소리친다.

이 금강산 온천은 45도c의 지하 200m에서 솟아오르는 100% 천연 온천수로 세계 최고의 온천수라고 한다. 남한의 온천 80%가 데워서 쓰는데 과열, 배수 과정에서 성분이 파괴될 수도 있다는 언젠가의 신문 기사를 떠올리며 옥돌 탕, 게르마늄 탕 등 넓은 탕을 왔다가 갔다가 하다가 노천탕으로 나갔다.

노천탕은 옥류탕, 린주탕, 폭포탕이 있는데 폭포탕이 장관이다. 금강산 자연석 사이로 쏟아져 내리는 더운물에 몸을 맡겼다. 먼저 두 명이 나왔다가 들어가고 아무도 안 나온다. 나 혼자 파란 하늘 보다가 금강산 영봉들을 보다가 냉탕 온

탕으로 왔다 갔다 했다. 그러다가 자잘한 옥돌 조각을 깔아 놓은 발등을 덮는 물 산책로를 거닐기도 했다. 사람들이 많을 때는 이 노천 산책로를 줄지어 걷고 탕에서는 서로의 어깨가 닿고 한다는데 나는 이 금강산 온천 노천탕을 혼자 누볐다. 소나무 많은 산이 가까이 있어 산림욕까지 겸하니 신선놀음이 따로 없다.

신라의 마지막 왕 경순왕의 아들 마의태자가, 그리고 조선시대 임금 세조가 피부병을 고치려고 온천을 한 금강산 온천에서 내가 온천을 하다니. 그런데 같이 온 부인이 노천탕에는 나오지도 않더니 기운 빠져 더 못하겠다며 나가자고 하여 아쉬움 뒤로 하고 밖으로 나가니 남편들도 뒤이어 나온다. 알고 보니 한 시간이 지났다.

공동숙소

온천장 근처에는 '온천빌리지'와 '포레스트돔'이라고 쓰여 있는 공동 숙소가 있다. 쭉쭉 뻗은 미인송 속에 지어져 있어 퍽 낭만적으로 보인다. 주로 학생들의 단체 수학여행이나 체험 활동으로 금강산을 찾을 때 이용된다고 한다. 보통 관광객도 경비 절약으로 호텔을 피하고 그곳을 숙소로 정하기도 한다는 것이다. 공동 화장실과 샤워장이 밖에 있어 그건 불편할 것 같다.

금강산 관광은 끝이 났다. 비로봉은 금지 구역이라 구경 못해 아쉬웠다. 그래도 스웨덴의 국왕이 금강산 탐방을 하고 아름다움에 취해 '하나님이 천지 창조를 하신 여섯 날 중 하루는 금강산을 만드는 데 보냈을 것이다'라 했다는 금강산.

소동파가 한번 와보는 것이 평생소원이었다는 금강산.

일본의 앙지화상이 구경하다가 눈 속에서 죽더라도 유감이 없다고 한 금강산을 내 생애에 구경했으니 행복했고 금강산 관광을 내가 원한다고 신청해 준 남편이 고마웠다.

금강산 관광을 하면서 느낀 것 중 하나가 있다. 곳곳의 바위에 붉은 글씨로 김일성과 그의 가족이 언제 다녀갔다든가 체제선전 문구라든가 적기가까지 새겨 놓았는데 우리 관광객들 누구도 관심 있게 읽지 않았다는 것이다.

관광을 끝내고 오며 여기서부터 남한이라고 말하지 않아도 차창 밖의 잘 자란 옥수수나무, 콩 포기, 지주대에 묶인 고추나무에 주렁주렁 달린 고추가 '아하 우리 남한이구나' 느끼게 해 준다. 퇴비 부족인지 잘 자라지 않은 척박한 북한의 옥수수밭을 보며 지나왔기에 더욱.

5

가죽 구두

제5집 『나는 콩떡』 중에서

어정칠월에

산책 나갔다가 벼꽃이 핀 걸 보았습니다. 내 어렸을 적 그 시절에 농촌 사람들은 벼를 나락이라고 했지요. 벼꽃이 피었어도 꽃이 피었다고 하지 않았습니다. 나락이 팼다고 했습니다. 출수(出穗) 즉 이삭이 나온다는 뜻이었으니 꽃 피었다는 표현은 하지 않았나 봅니다. 그래도 꽃은 꽃이지요.

나락도 꽃이 핀다는 걸 참 오래 몰랐습니다. 벌도 나비도 모르긴 마찬가지인 것 같습니다. 벌과 나비는 벼 논에 얼씬거리지 않으니까요. 나락 잎 갉아 먹으려는 메뚜기는 있을지언정 벌, 나비는 보이지 않는 겁니다. 꽃이 꽃 같지 않음을, 꿀도 없음을 벌과 나비는 잘 알고 있나 봅니다.

벌 나비 안 와도 나락은 걱정 없습니다. 나락 포기들은 바람 부는 날 서로 몸을 흔들어 수정을 할 수 있으니까요.

옛날엔 모심기는 여자가 주로 했지만 논매기는 반드시 남자들이 하였지요. 호미로 논고랑을 파 젖히며 방동사니며 피 등 잡풀을 매는 일이 무척 힘드나 봅니다. 논매기 날의 음식은 모심기 때와는 사뭇 다른 걸 보면요.

논매기가 끝나고 얼마 지나지 않으면 나락이 패는데 이때는 농촌에 별로 할 일이 없습니다. 오월(梧月) 오추(梧秋)인 음력 7월을 어정칠월이라고 하였어요. 바쁜 일도 없이 어정어정하다 보면 7월이 다 간다고 생긴 말이라고 합니다. 농한기라고 할 수 있지요.

이맘때쯤 마을 엄마들은 단체로 계곡엘 가는데 피서란 말을 하지 않았습니다. 휴가란 말은 더더욱 하지 않았습니다. 뙤약볕 아래서 들일 하느라 메조 밥 누룽지같이 되어 버린 등짝의 땀띠를 쓸어내기 위한 물맞이 나들이입니다. 읍내서 먼 데다 신작로에서 쑥 들어간 우리 촌 동네는 버스가 들어오지 않았어요. 어느 계곡이며 무슨 차로 누가 태워주었는지 기억에 없습니다.

아, 기억에 없는 건 당연하지요. 우리 촌 동네에 자가용 차가 있는 집이 한 집도 없었거든요. 새벽밥 지어 먹고 먼 길 걷고 걸어서 갔다 옵니다. 처음엔 그 물 맞으러 간다는 말이 이상하기만 했습니다. 물 마중을 한다는가? 알고 보니 계곡에서 흘러내리는 물에 등짝을 대고 물매를 맞는 것이었습니다.

물매 맞고 온 엄마의 등에 땀띠가 없어졌는가 기억에 없습니다.

"내 등 좀 긁어라."

걸핏하면 하시는 엄마의 주문에 빳빳한 생모시 등걸이 걷어올려 등 긁어드릴 때 까만 사마귀 하나 망망대해의 외로운 섬 같은 엄마의 등은 엄마가 잘 만드는 우무묵같이 매끄럽기만 하지 사실 땀띠는 애당초 없었습니다. 울 엄마는 들일 서툴러 동네 엄마들은 서로 품앗이로 콩밭 매곤 하여도 우리 밭은 늘 놉을 사서 매곤 했었거든요.

어정칠월이 오니 올해도 벼는 어김없이 패었습니다. 더위를 피해 사람들 많이 찾는 계곡은 찬물 쏟아 내리기 바쁩니다. 그런데 먼 길 가신 울 엄마 올 어정칠월에도 돌아오실 줄 모릅니다.

비자금

한 달에 한 번 만나는 친목계에서 조금 무리해 가며 얼마의 돈을 갹출해서 3년짜리 적금을 부었는데 만기가 되었다. 애초의 계획은 해외여행이었는데 해외여행은 흐지부지되고 나누어 가지게 되었다. 돈을 내며 해외여행에의 부풀었던 꿈이 풍선 바람 빠져나가듯이 꺼졌는데도 아무도 해외여행 타령을 하지 않는다. 해외여행보다는 현금을 택한 회원들은 거의 만족스러운 표정이다. 해외여행은 가족끼리 가라는 한 회원의 말 한마디가 힘이 실린 것 같다.

한 회원이 집에 가서 남편들한테는 말하지 말라고 간곡하게 부탁을 한다. 대개 남자들은 아내의 살림 사는 일에 관여 안 하지만 나이 들수록 쪼잔해지는 남편 때문에 스트레스 받는다고 하소연하는 친구다. 동창 모임을 가진 남자들의 아내들 모임이니 누구 한 사람 남편한테 알리면 그 남편이 모임에 나가 무심코 말할 수 있다는 염려다.

쌈짓돈이 주머닛돈이라는 생각으로 그이한테 말을 안 하고 비자금으로 갖고 싶었던 나는 친구의 부탁이 반갑기도 했다.

사람이 나이 들수록 지갑을 자주 열라고 하는데 돈이 있어야 지갑을 열든가 말든가 하지 돈 없는 지갑 백번을 열면 뭣하는가. 돈이 있어야 자식들한테 떳떳하고 돈이 있어야 손주들에게 용돈도 자주 주어 멋진 할매가 되겠지.

실제 내가 돈 많은 할머니로 맏손녀 윤서는 알고 있다. 어느 날 "할매 나 차 사 줘" 하지 않는가. 장난감 차를 사듯이 할머니 비자금으로 승용차 한 대쯤 쉽게 살 능력이 있으리라 생각한 것이다. 아직 고등학생으로 저 엄마가 상전 모시듯 등하교 태워다 주는데 왜 차를 사 달라는 건지 의아했는데. 대학생이 되면 승용차 직접 운전하여 학교 다니고 싶어 미리 부탁을 한다는 것이다.

어릴 때부터 명절, 어린이날, 생일에 용돈을 좀 후하게 주었더니 어느 날 "할머니 돈 많나?" 하였다. 나는 잠시 생각을 했다. 돈 없는 가난한 할머니보다 돈 많은 할머니가 더 멋져 보이고 인기가 좋을 거라고. 그래서 기회다 싶어 뻥을

쳤다. 할머니 비자금이 무지무지 많은 부자라고. 그 말을 곧이곧대로 듣고 엄마 아빠는 차를 사 주지 않을 성싶으니까 이 할머니한테 부탁을 한 것이다.

돈이 없으면 집에 가서 빈대떡이나 부쳐 먹으라고? 빈대떡의 재료인 녹두가 얼마나 비싼데. 돈이 없으면 빈대떡도 못 부쳐 먹을 터이니 은행으로 한달음으로 달려가서 통장에 넣었다. 마음 든든하고 기분도 좋았다. '돈이 없는 자는 이빨 없는 늑대'라는 프랑스 속담까지 떠올랐다.

한 달 후 모였을 때 다들 그 돈을 어디에 썼느냐며 한 회원이 궁금해 못 견디겠다는 듯이 묻는다. 돈은 있으면 쓴다는 말이 있는데 그 누구도 돈을 쓰고 없다는 말을 안 한다. 한 회원은 펀드에 넣었다고 한다. 재테크 잘하여 재산 많이 불려놓는 회원이다. 펀드란 말을 처음 듣는 건 아니지만 그런 것에 도통 어두운 내가 어떻게 거기에 넣을 생각을 했느냐고 멍청한 얼굴로 물었다. 그 회원은 "내가 재테크 잘하잖아" 한다. 재테크를 구체적으로 어떻게 하는지 모르지만 그녀는 그 재테크를 해서 돈을 잘 불린다고 어느 날 나한테 살짝 말해줘서 알고 있다.

펀드 말을 들은 한 회원이 자기는 그런 위험한 데는 안 넣는다고 말하는데 그 표정이 아주 당당하다. 그도 그럴 것이

이 회원은 어딘가에 있는 땅 팔아 어딘가에 땅 사 놓았을 때 남편한테 원망도 많이 들었는데 몇 년 후 그 자리에 무슨 건물이 들어서며 보상을 많이 받아 알부자가 되었다. 그러니 어찌 당당하지 않으랴. 나는 좀 머쓱해졌다. 불어나지 않는 입출 예금통장에 넣어 놓고 흐뭇해한 게 한심스럽게 여겨졌다.

나는 돈이 생기면 통장에 넣을 줄밖에 모른다. 금리가 곤두박질치다가 또 치다가 아예 0%가 되어도 나의 돈 관리 법에는 변함이 없을 터, 비자금 조금 생겼다고 거실 소파에 앉은 남편 앞에서 속으로 "용용 모르지?" 으스대며 왔다 갔다 한 게 우습기까지 하다.

그래도 비자금은 좋다.

미인은 아무나 되나

"할머니! 속눈썹 히히."

식탁 맞은편에서 어린 친손녀와 외손녀가 똑같이 나를 보고 집에서 했던 말을 또 한다. 생각할수록 신기하고 생각할수록 우스운가 보다. 저네 엄마들은 마스카라조차 하지 않는데 늙은 할머니가 난데없이 가짜 속눈썹을 붙였으니 어찌 안 신기하겠는가. 애들의 말에 옆에 앉은 딸이 빙긋이 미소 지으며 나를 보더니 웃음을 터트렸다.

"어~어! 그거나마 한쪽 눈썹은 떨어지고 없네요. 어허허허."

이런 기막힐 노릇이 있는가. 도대체 속눈썹은 언제 떨어져 나갔는가. 내게로 와서 악수를 청하며 축하한다는 인사를 한 작가들이 많았다. 특히 부산의 이 선생님은 나와 눈 맞춤을 오래 했는데 분명 내 짝눈 감상하느라 그러셨나 보다.

한국수필문학가 협회 주최 제17회 수필문학상을 받게 되었다. 수상자 발표가 나자 축하의 전화와 메시지를 문우들로부터 받았는데 그날 한복을 예쁘게 입고 오라고들 하였다. 그런데 대구에 사는 이정연 후배 문우는 한복 말은 하지 않고 그냥 예쁘게 하고 오라고만 하였다. 꽃다발 가지고 축하하러 가겠으며 사진도 찍어주겠다고 하며.

예쁘게 하고 오라.

'그래 상 타는 특별한 자리이니 예쁘게 하고 가리라.'

그런데 어떻게 하고 가면 사람들에게 예쁘게 보일까? 작은 키는 늘릴 수 없는 법, 화장품에 매달릴 수밖에 없을 것 같았다.

여자들은 나이가 들수록 화장품 가짓수가 많아진다는데 내 화장품은 언제나 그대로이다. 그런데다 대충 찍어 바르는 습관에다 화장 기술도 없다. 그렇다고 신부 화장하듯이 돈 들여가며 미장원에 부탁하는 요란을 떨기 싫었다. 평소 하던 대로 화장을 하면서 눈 화장을 즉 마스카라를 하고 인조 속눈썹을 붙이리라 했다. 예쁘게 하고 오라는 후배가 지난 설에 마스카라가 든 화장품 세트를 선물로 보냈는데 누구나 선물을 할 때 무턱대고 물건을 사지 않는 법, 받는 사람이 필요할 성싶은 물건을 깊이 생각하며 선택을 하지 않는가. 그 마스카라 선물을 예사로 생각해서는 안 될 것 같았다. 어느 해 겨울 여행에서 사진을 찍을 때 손이 너무 시려서 꽁꽁 어는 줄 알았다는 내 글을 홈피에서 읽고 따뜻한 장갑도 사서 보내지 않았던가. 그런즉 하고많은 물건 중에 마스카라를 사서 보냈을 때는 마스카라가 나에게 가장 필요한 화장품이라 생각했던 것 같다. 내 짧은 속눈썹과 처져가는 눈꺼풀을 보고 눈 화장을 했으면 하는 마음이 들었을 것 같다.

'그래 맞아, 마스카라를 칠하고 인조 속눈썹을 붙이고 가리라.'

시상식 날 마스카라 칠은 내가 하고 인조 속눈썹은 자신이 없어 딸에게 부탁했다. 인조 속눈썹을 한 번도 붙여보지 않았다는 딸은 속눈썹을 번갯불에 콩 굽듯 빨리도 붙였다. 모르긴 해도 인조 속눈썹을 진짜 속눈썹과 같이 끌어올리는 등 시간이 조금은 걸릴 것 같은데 그런 절차가 없다. 빠른 속도로 붙였거나 말거나 인조 속눈썹 붙인 거울 속의 내 눈은 크고 예뻐서 미소가 절로 나왔다.

그런데 수상소감을 발표하려고 의자에서 일어나려는데 왼쪽 속눈썹이 떨어져 나가려는 것 같았다. 당황하여 손으로 꼭 누르고 단상에 올라갔다. 수상소감을 발표하려고 집에서 써 간 원고를 펴니 이런! 이런! 그게 완성된 새로 쓴 원고가 아닌 지저분한 초고가 아닌가. 그때부터 나는 가짜 속눈썹이 떨어지려 했다는 것조차 잊었다. 다른 두 명의 수상자와 함께 미리 인사를 나누었으면 그 누구도 내 눈을 유심히 볼 여유가 없었을 텐데 차가 막혀 식장에 조금 늦게 도착한 연유로 수상소감 발표가 끝난 후 수상자 자리에 앉았을 때 선후배 문인들과 별도로 인사를 나누었다. 그 자리에서 인사를 못 나눈 문인들은 또 식사하는 자리로 와서 축하한다고 했다. 그러니 그 문인들 눈에 내 짝눈이 더 쉽게 눈에 띄었을 것이다. 인조 속눈썹 붙인 걸 여전히 생각하지 못한 나는 눈을 치뜨고 상대편 눈을 맞추고 이야기를 했으니 그들이 내 짝눈을 보고 얼마나 민망했을까. 이제라도 쥐구멍을 찾고 싶다.

인조 속눈썹은 왜 그렇게 빨리 떨어졌을까? 속눈썹 붙였다고 미인이 되는 건 아니지만 조금이라도 예쁘게 보이려 한 나의 꿈은 이루지 못했고 망신만 당한 것이다.

미인은 아무나 되는 게 아닌 걸.

가죽 구두

우리 동네에 살다 이사 간 문 여사를 공원에서 만났다. 좀 오랜만이다. 우리는 벤치에 앉아 그간의 안부를 묻고 이야기를 나누었다.

1남 2녀 중에서 딸들은 제때에 결혼을 했지만 제일 위의 아들이 오십이 다가오도록 결혼을 못 해 걱정하던 부인이다. 그래 아들에게 좋은 소식이 있나부터 물었다. 그녀는 한숨을 크게 쉬는 것으로 대답을 대신한다.

그녀 아들은 서울에서 소위 말하는 명문대를 나왔다. 키 크고 잘생긴 얼굴이고 좋은 직장을 가졌다. 1등 신랑감이라 말해도 이의를 다는 사람 없을 것이다. 그런데 어찌하여 반백 년이 되도록 짝을 못 만나고 있는지 모르겠다.

우리 아들은 서른한 살에 결혼을 했는데 여자 친구를 데리고 온다고 했을 때 나는 마음에 들지 않더라도 무조건 결혼을 승낙하리라 마음 다짐했었다. 그 당시에는 서른 살만 되어도 노총각으로 취급하던 때였고 제 동생도 혼기가 꽉 찼기에 마음이 여간 초조하지 않았던 것이다. 반대를 했다간 자칫 며느리 될 아가씨 마음이 돌아서고 아들이 마음의 상처를 받고 노총각이 될까 두려웠던 것이다.

내가 며느리 보는 일에 욕심을 내지 않고 미리 마음을 비웠던 탓인지 우리 식구가 된 며느리는 첫인상부터 좋게 느껴졌다. 알맞은 체격에 목소리도 좋고 심성도 고운 데다 지와 교양까지 겸비하였다.

그러나 딸이 한 직장의 청년과 사귀어 결혼하겠다고 했을 때는 반대를 했다. "장남은 안 된다" 하며 수다스럽도록 당부하며 세뇌를 시켰건만 사위 될 청년이 종갓집의 장남인데다 시동생 될 사람 하나에 시누이 될 사람이 아래위로 자그마치 셋이나 되어서였다. 청년은 더없이 착실해 보였으나 나는 반대를 했다.

자식 이기는 부모 없다고 결국 둘을 결혼시켰다. 손 거칠어진다고 설거지 한 번 안 시킨 곱게 키운 딸이었다. 결과는 콩나물 볶는 걸 깨 볶듯이 빈 냄비에 물 안 붓고 달달 볶는 줄 아는 요리에 대해서 아무것도 모르는 딸이 되고 말았다. 그런 딸을 대가족 맏며느리로 보내놓고 보니 여간 걱정이 되는 게 아니었다. 시집 식구들에게 미움받고 스트레스 된통 받을 것이란 생각을 했는데 그건 나의 기우였다. 안사돈이 점잖으셔서 고부갈등 같은 거 전혀 없고 철따라 반찬 만들어 보내 주신다. 시동생은 더없이 착하다고 딸은 내가 묻지도 않는데도 여러 번 말한다. 시누이들도 다 착하며 시누이 노릇 안 하고 잘해 준다고 하며 맏며느리지만 불편 없이 잘 지낸다. 시아버지에게 며느리인 우리 딸이 지은 별명이 '도덕 선생님'이라나. 그래서 조금 피곤하긴 하단다.

사위는 또 얼마나 가정적인지. 요리도 잘하고 냉장고 야채 칸에 무, 배추가 있는지 없는지 딸은 몰라도 사위는 안다. 집에 손대야 할 불편한 점 등도 딸은 나 몰라라이고 사위가 다 알아서 한다. 명절 때 처갓집에 오면 화장실 구석에 혹 작은 곰팡이라도 보이면 약 사와 싹싹 제거하고 청소까지 해 놓고 간다. 노총각 노처녀 면하는 길이 조건 너무 따지지 말아야 함을 내 아들딸 결혼 시키며 크게 느꼈다.

작금 혼기가 지난 처녀 총각 특히 노총각이 너무나 많다. 50대의 남자 형제가 결혼 못 하고 부모와 함께 살고 있는 집이 우리 이웃에도 두 집이나 있다. 장가 못 간 노총각이라

하면 농촌 총각을 떠올렸는데 요즘은 조건이 두루 좋은 도시에 사는 노총각도 많다. 중이 제 머리 못 깎는다고 그래서 옛날부터 중매쟁이가 있었건만.

부모들은 당사자들이 태평이라고 말하지만 본인들 마음도 뭐가 편하겠는가. 그러나 이 세상에서 제일 서러운 게 늙는 것이고 제일 무서운 게 고독이라는 걸 그들은 모를 것이다. 돈이 아무리 많고 아무리 복지제도가 잘 되어 있어도 가족 없는 노후에의 설움은 더 크고 가족 없는 노후에의 고독은 더 심하다는 건 더욱 모를 것이다.

혼기 놓친 처녀 총각 노후 서러움과 고독만 걱정할 일이 아닌 것 같다. 하늘을 봐야 별을 딴다는 말도 있듯이 처녀와 총각이 결혼을 안 하니 태어나는 아기가 없고 결과는 인구 감소다. 이러다가 나라가 없어지지 않을까? 그 걱정이 더 크다. 기우가 아닌 진정한 걱정이다.

범국민적으로 산아제한을 했던 게 오래전이 아니다. 그때 내건 슬로건이 '아들딸 구별 말고 둘만 낳아 잘 키우자'였고 곧이어 '잘 키운 딸 하나 열 아들 안 부럽다'였었다. 보건소 직원이 가가호호 방문까지 하며 아기 낳지 말라고 하지 않았던가. 대대적으로 떨던 그 오두방정, 인구 절벽에 와 있는 지금 처녀 총각 짝지어 주기에는 왜 떨지 않는지 모르겠다.

옛날에는 처녀, 총각이 혼기를 놓쳐도 부모들이 크게 걱정하지 않았다. 짚신도 짝이 있다는 신념이 굳었기 때문이다. 과연 짚신같이 하류에 속하고 못난 사람도 짝 만나 시집 장가가서 아들과 딸 잘만 낳고 살았다. 처녀와 총각으로 늙는 사람 못 봤다. 살다가 사네 못 사네 하지도 않았다. 이혼 같은 것 더욱 없었다.

그런데 신발로 따지자면 문 여사의 아들은 짚신이 아닌 가죽 구두인데 왜 짝을 못 만나는지 모르겠다. 반짝반짝 윤기 도는 고급 가죽 구두인데.

먹고 싶은 거

며느리가 전화를 해서 뭐 잡숫고 싶은 거 없냐고 묻는다. 먹고 싶은 걸 말하면 당장 인터넷 주문하여 받게 할 것이 틀림없다. 얼마 전에도 같은 질문을 하여 먹고 싶은 게 생각 안 나서 우물쭈물하다가 사과가 떨어졌다고 했었다. 전화를 끊고 당장 주문한 모양으로 이튿날 사과가 배송되었다. 저희들이 뭔가를 사 먹고 맛이 있으면 주문하여 보내기도 하여 지난겨울엔 한 번도 먹어보지 않았던 레드향도 맛보았다.

먹고 싶은 거 요즘은 없고 생각나면 사 먹을 테니 걱정하지 마라 하고 전화를 끊었다. 그리곤 요즘 내가 뭐가 먹고 싶은가 생각해 봤다. 이런 생각은 얼마 전에 이웃의 백세 할머니가 먹고 싶은 거 있으면 돈 아끼지 말고 부디 사 먹으라고 신신당부하던 그때도 잠시 했었다.

그런데 참 이상도 하지. 그때도 지금도 먹고 싶은 게 생각이 안 난다. 냉장고는 먹을 것으로 복잡하고 날마다 배가 부른 탓일까?

내 한 친구는 나와 통화할 때마다 요즘 먹고 싶은 게 없다고 말한다. 겨울엔 시래깃국을 좋아했고 여름엔 상추 겉절이에 밥 비벼 먹는 걸 좋아했는데 그 음식들이 이젠 싫다고 한다. 그렇다고 먹고 싶은 게 바뀌었나 하면 그렇지 않고 없다는 것이다. 늙어가는 증거라고 덧붙인다.

옛날 자라던 시절엔 먹고 싶은 것도 많았다. 늦가을에 감을 깎아 처마 안쪽으로 매달아 놓아 반 건조된 곶감이 왜 그리 먹고 싶던지. 하루 수도 없이 마루에서 뜰로 오르내리며 팔만 뻗치면 빼 먹을 수 있는 곶감, 그러나 빼 먹으면 안 되는 곶감이었다.

초등학교 2학년 때 여름이었던 것 같다. 학교에서 집으로 가는데 강낭콩 드문드문 섞어서 찐 밀개떡 생각이 간절했다. 어쩌면 엄마가 집에서 밀개떡을 쪄 놓고 나를 기다릴 것 같은 생각에 걸음을 재촉한 기억이 난다.

몇 년 전까지만 해도 영덕 대게를 많이 좋아했다. 살아 있는 대게 쪄 먹는 일은 우리 집에서는 안 되고 대구서는 가능

함을 대구의 아들 집에 간 어느 날 알게 되었다. 이 엄마가 대게를 좋아한다고 영덕 대게집에 전화해서 갓 잡은 대게를 쪄서 버스로 실어 보내라 하고 대구 이쪽 끝에서 저쪽 끝 거리 먼 버스터미널까지 가서 사람 차비 주고 받아와 나를 실컷 먹게 했다. 제주 은갈치도 좋아했고 과일로는 수박 상주 묘동 모서산 진보라색 포도와 사과와 배가 좋았다.

그러나 요즘은 내가 좋아했던 이 모든 것들이 시큰둥하다. 그리도 먹고 싶었던 반건조 곶감은 눈앞에 있어도 안 먹는다. 수박도 안 먹혀 환자가 먹듯이 갈아서 짜서 먹기도 한다.

어버이날이 다가오면 딸과 며느리가 아버지는 외식을 자주 하시니 엄마 잡숫고 싶은 거, 어머님 잡숫고 싶은 게 뭔가 생각해 놓으라고 전화한다. 아들은 집에 와서 뭐가 잡숫고 싶으냐고 묻는다. 이럴 때 뭐가 먹고 싶다고 속 시원히 말을 하면 좋을 것인데 그러지를 못한다.

요즘 사람들은 먹고 싶은 걸 참지 않는 것 같다. 맛집을 찾아 먼 길도 마다 아니하고 가서 사 먹으니 말이다. 비만 인구가 늘어나는 원인이 먹고 싶은 걸 참지 않고 사 먹은 탓이 아닌가 싶다. 백세 할머니가 먹고 싶은 걸 참으며 살아온 세월이 회한으로 남긴 하지만 장수하고 있는 원인이 먹고 싶은 걸 참으며 살아오셨기 때문이 아닐까 싶다.

종일 집안일 하는 가운데 먹고 싶은 게 뭔가 생각하다 보니 끼니때가 되었다. 남편은 모임에 나가 밥할 걱정을 안 하고 있는데 갑자기 라면이 먹고 싶었다. 결국 라면 한 봉지 끓여서 먹으며 내가 먹고 싶은 게 이거였던가 싶어 허허 웃었다.

이튿날 택배를 받았다. 며느리가 블루베리를 사서 보낸 것이다. 블루베리는 먹고 싶지는 않았지만 약해지고 있는 시력을 위해 사 먹었으면 좋겠단 생각을 했었기에 퍽 반가웠다. 다음에 또 며느리가 먹고 싶은 게 뭐냐고 물으면 냉큼 대답하도록 미리 먹고 싶은 게 뭔가 생각해 놓아야겠다. 블루베리를 선택하기까지 어머님이 좋아하시는 게 뭘까 나름 고민했을 것 같아서 며느리의 다음 고민을 덜어주기 위해서라도.

소

어느 우사 곁을 지나게 되었다. 우사는 대낮인데도 컴컴하다. 바닥은 온통 검은색으로 질퍽하고 고약한 냄새는 진동을 한다. 황금색으로 윤기가 흘러야 할 소의 털은 오물이 된통 묻었다. 말라 거뭇거뭇 딱지가 앉아 있기도 하여 지저분하기 짝이 없다.

옛날엔 바닥의 볏짚이 뽀송뽀송한 외양간이란 이름의 공간에서 소 한 마리가 이른바 독방생활을 했다. 그런데 요즘 농촌에 가도 그런 외양간은 볼 수가 없다. 여러 마리를 한 군데 몰아넣어 사육시키는 걸 볼 수가 있다. 지금 내가 보고 있는 소도 여러 마리다. 이 소들이 큰 눈을 껌벅이며 단체로 나를 본다. 소의 큰 눈망울이 서러움 가득해 보여 안쓰럽다.

옛 어른들은 개똥은 더러워하면서 소똥을 더럽다고 해서는 안 된다고 하였다. 실제로 소똥은 길 가운데 있어도 더럽게 느껴지지 않았었다. 길에 소똥이 있으면 소중한 물건 다루듯 삽으로 떠 집으로 가지고 가는 어른들도 보았다. 거름을 하기 위해서라고 하였다.

개에겐 주인보다 먼저 밥을 주면 안 된다는 말이 있는데 다 같은 가축이라도 소에겐 식구들에 앞서 먹이를 먹게 하니 소와 개의 대접은 사뭇 달랐다. 소는 개처럼 주인이 주는 먹이를 허겁지겁 퍽퍽 먹지를 않고 아주 천천히 품위 있게 먹으니 대우가 다르다 어떻다 행여 개가 섭섭해하지 말 일이다.

농번기가 되면 소의 나들이가 잦다. 나들이라 해야 외양간에서 나와 들로 일하러 가는 나들이다. 콩밭 골을 딸 때는 콩잎을 뜯어 먹는다고 입에다가 얼금얼금 엮어서 만든 부리망을 씌웠다. 눈앞의 콩잎이 얼마나 먹고 싶었을까. 이랴~ 하면 부지런히 걷고 워워~ 하면 발걸음 멈추던 소, 논밭을 갈아나가는 소를 볼라치면 소에게 잘 먹이고 식구 대접하는 심정을 알 것 같다.

몇 년 전부터 추수가 끝나고 난 늦가을 들판에 예전에 못 보던 여러 개의 하얀 물체가 한 풍경 장식을 한다. 소 사료이다. 볏짚을 그대로 소에게 먹이면 소화가 잘 되지 않고 영양학적으로도 효율이 떨어진다고 마르기 전의 생 볏짚을 공기가 못 들어가게 암모니아가스를 주입시켜 전용 트랙터를 이용하여 압착해 놓은 그 이름 곤포사일리지다. 오래 보관해도 불량 세균을 막아주어 곰팡이가 피지 않고 볏짚이 부드러워져 소가 먹기에 좋으며 먹는 양이 늘어난다고 한다. 국립축산과학원의 개발이 경탄스럽기만 하다. 그러나 그 사료가 옛날 가마솥에서 볏짚에 쌀뜨물과 콩 부스러기 등을 넣고 끓여준 따뜻하고 구수한 그 쇠죽 맛과는 비교도 할 수 없을 것 같다.

소는 솥에서 끓인 쇠죽을 먹으면 50년까지 살지만 볏짚이나 풀을 날것으로 먹으면 30년을 넘기 어렵다고 하는 한 가지만 예를 들어도 그렇다. 소를 인간의 먹잇감으로 사육시키는 마당에 단시일에 살찌면 되지 장수가 무슨 소용이 있겠는가. 곤포사일리지는 사람의 편리를 위해 개발된 소 사료이지 결코 소를 위한 사료는 아니란 생각이다.

소를 보노라면 소띠 생 지인이 자신은 소띠라서 일복이 많다고 한 말이 떠오르기도 한다. 요즘의 소는 일하는 소가 아닌데 그래도 소띠 생이 자신을 일복 많다고 하려나?

소는 언제나 조용한 묵언의 짐승이다. 돼지는 배가 고프면

꿀꿀 소리를 질러대고 개는 낯선 사람을 보면 컹컹 시끄럽게 짖어댄다. 닭은 병아리 때부터 삐약삐약 많이도 수다스럽다. 장닭은 거드름을 피우며 꼬끼오 소리를 내는가 하면 암탉 역시 알을 낳을 때는 골골골 하다가 알을 낳고는 꼬꼬댁 꼬꼬댁 소리를 지른다. 닭집이 허술하여 살쾡이가 닭을 물어갈 때는 꽥꽥 얼마나 크게 소리를 지르던가. 그런데 소는 도대체가 말이 없다. 도둑놈에게 끌려가면서도 한숨 같은 소리라도 내지 않는다. 그래서 목에다 움직이면 소리 내는 방울을 달아놓기도 한다.

아, 소도 제 새끼 팔려가는 날은 "움무우~" 하며 서럽게 울긴 한다. 그러나 소는 하도 소리를 안 내는 짐승인지라 말을 잘 안 하는 사람을 일러 소 죽은 귀신 씌었다고까지 하지 않는가.

우사에서 나를 우두커니 바라보는 소들, 사람이 얼마나 그리웠으면 송아지까지 단체로 몸을 돌려 바라볼까. 소들은 무슨 말인가를 하고 싶어 하는 것 같다. 아무도 일을 안 시키는 소, 본래의 주어진 일을 농기계에 빼앗긴 소가 할 일은 하나도 없다. 하고많은 날을 주는 사료 먹고 오물 냄새 맡으며 우두커니 서 있는 게 소들의 일이다. 소들의 큰 눈망울에서 나는 절실히 느낀다. 그들의 애타는 절규를.

'아, 정말이지 고역입니다. 원래 일하기 위해 태어난 우리였는데 어쩌다가 세상에서 제일 편한 동물이 되었습니다. 편한 게 편한 것이 아니란 걸 절실히 느낍니다. 할 일 없는 게 너무 힘듭니다. 멋대가리 하나 없는 숫자 찍힌 노란 귀걸이도 귀찮습니다. 주야장천 우두커니 서 있어야 하는 이런 짐승이 이 세상에 또 있습니까. 이랴 쯧쯧 하는 주인의 채찍 받으며 논갈이 밭갈이를 하고 싶고 달구지 매어 짐도 실어 나르고 싶습니다. 정말이지 우리 소도 한 번씩 신선한 공기 마시며 바깥 구경을 하고 싶습니다. 일이 하고 싶습니다.

사람들이여! 우리 소들에게 일! 일! 일 좀 시켜 주십시오.'

너 같은 딸

딸 집에 갔을 때 마침 외손녀 민서가 교내 글짓기 대회에서 우수상을 받았다고 한다. 나는 반가워서 "응 그래? 잘했다. 참 기특하구나" 하고 칭찬했더니 옆에 있던 딸이 이번에도 최우수가 아니고 또 우수상이냐며 못마땅한 얼굴로 말한다.

"반에서 우수가 아니고 전체에서 우수상이면 잘한 거 아닌가? 엄마는 칭찬할 줄을 모른다니까."

밝던 민서의 얼굴이 시무룩해져서 나한테 하소연 비슷하게 말한다. 나는 최우수와 우수는 심사위원의 취향에 따라 바뀔 수도 있다고 우수작도 최우수작과 같다고 역설했다. 내 말에 민서는 기분이 다소 좋아진 것 같았지만 엄마에 대한 서운한 마음은 풀리지 않은 것 같다.

딸이 고등학교 2학년 어느 날이었다. 나는 내 나름의 해몽으로 아주 좋은 꿈을 꾸었다. 그날 나는 '오늘 무슨 좋은 일이 있으려니' 기대를 했다. 그런데 하루해가 다 가도록 아무 좋은 일이 없더니 학교에서 늦게 온 딸이 상주대학교(경북대학교 상주캠퍼스)에서 실시한 노악제 백일장에 저들 학교에서도 다섯 명이 참석했는데 자신도 갔었다는 것이다. 나는 '오호라 꿈 땜을 하는구나' 싶었다.

딸이 중학교 1학년 때 어떤 책이든지 읽고 독후감을 써내라는 방학 숙제에 서가에 있는 그 나이에는 벅찬 펄벅의 장편소설 『대지』를 읽고 독후감을 써 장원의 상을 받았다. 그 후에도 문예반장으로 활동을 하며 여러 번 장원의 영광을 안았기에 내 꿈은 분명 딸이 장원을 할 것이란 예시의 꿈이라 믿었다. 그런데 며칠 후 학교에서 돌아온 딸이 "엄마 나 차상이야" 하지를 않는가. 나는 대뜸 "뭐 장원이 아니고 차상이라고?" 나도 모르게 목소리 톤이 높았다. "그 많은 사람 중에 차상도 잘했지요. 엄마 딸만 글 잘 쓰란 법 있어요? 칭찬은 못 해 줄망정" 딸은 톡 쏘아붙이고 방으로 휙 들어가 버렸다. 엄마로부터 칭찬을 받으리라고 믿었는데 실망의 말을 듣고 마음의 상처를 크게 받은 것 같았다.

대지의 독후감을 계기로 장래 문학평론가가 되겠노라고 했던 딸은 지금 공직자의 길을 걷고 있는 가운데 독서는 여전히 많이 하지만 문학의 꿈은 완전히 접었다. 문학을 포기한 그것이 어쩌면 내가 백일장 차상 때 칭찬을 하지 않고 많이 서운해했던 그 탓이었을 것 같은 생각을 떨쳐버릴 수가 없다.

부모가 자식을 키우면서 특히 엄마들이 딸에게 일쑤 하는 말이 있다. '시집가서 너 같은 딸 낳으라'고 하는 말이다. 너 같은 딸이라고 함은 딸의 좋은 점을 두고 말할 때가 아니다. 딸이 속을 태워 화가 났을 때 잘 쓰는 이른바 악담이다.

나는 어머니 속을 많이도 끓여드렸지만 그런 악담을 들은 적이 없다. 나 역시도 결혼해서 딸이 어른이 되도록 그런 말을 한 번도 하지 않았다. 우리 어머니의 악담이 없었던 탓인지 딸은 엄마 닮는다는 속설을 무시하고 내 딸이 못난 나를 안 닮은 건 다행이다.

그런데 백일장에서 자기 딸이 최고의 상을 못 받은 것에 대한 실망과 그에 대한 섭섭한 마음을 내비치는 건 나와 내 딸이 어찌 그리도 같은지 모르겠다.

딸은 그때의 나에 대해 서운함을 기억하고 있는지 아니면 까맣게 잊었는지 모르겠다. 그때 일이 생각났더라도 자기 딸의 백일장 우수상 서운함은 아직도 남아 있을 것 같다.

내 진즉에 우리 딸에게 너 같은 딸 낳으라는 악담 한 번 했으면 외손녀가 저 엄마 닮아 우수상 아닌 최우수상 한 번쯤 타서 저 엄마의 마음을 기쁘게 했을 텐데 내 잘못이다. 너 같은 딸 낳으라고 악담하지 않은 잘못.

민서는 할머니의 칭찬보다는 엄마의 칭찬이 더 듣고 싶었을 것이다. 하지만 나만이라도 글 잘 쓴다고 칭찬을 많이 해주어야겠다.

행복 만들기

사진 3인 단톡방 B가 카톡을 보냈다. 미스트 트롯 진선미 뽑는 실시간 문자 투표에서 김호중을 부탁한다는 내용이다. 김호중의 팬인 줄 알고는 있었지만 내가 이찬원을 좋아하는 줄 알면서도 부탁을 하니 김호중을 참 많이도 좋아하나 보다. 나는 나대로 톡을 보냈다. 이찬원을 부탁한다고.

티브이 조선 제1대 미스트 트롯 진, 선, 미 뽑는 일은 복잡도 하다. 전문가인 마스터 점수와 대국민 응원 투표에 실시간 국민투표까지 하니 대통령 뽑는 일보다 더 거창하구나 싶다. 결국 770만 넘는 표가 나와서 기계에 서버 문제가 생겨 집계가 어렵게 되었다며 발표를 일주일 미룬다. 모두 허탈.

일주일 미룬 발표는 이틀 뒤 하게 되었는데 마스터 점수와 마스터 점수를 합산한 대국민 응원 투표에서도 1등이었던 이찬원이 실시간 국민투표에서 3등으로 내려갔다. 김호중은 한 단계 올라 5등에서 4등이 되었고. 이찬원이 내려가도 한 단계 내려가거나 1등을 유지하겠다 싶었기에 놀라움과 실망이 컸다.

시상식을 하는데 마스터 대표로 장윤정이 먼저 진 임영웅에게 휘장을 둘러준 후 두 손으로 얼굴을 감싸며 귀여워 죽겠다는 듯 어린이에게 하듯 흔든다. 그리곤 왕관을 씌우고 망토를 입히고 포옹을 진하게 하고 등을 토닥여 준 후 트로피를 준다. 선인 영탁에게도 두 손으로 얼굴을 감싸고 가벼운 포옹을 한다. 그런데 미 이찬원에게는 임영웅, 영탁에게 해 준 그 모든 행동이 깡그리 생략된다. 휘장을 걸쳐 주고 아주 가볍게 왼쪽 어깨를 살짝 건드리기만 하고 가는 게 아닌가.

"어머머, 어머머 저럴 수가."

이찬원이 1등에서 3등으로 곤두박질친 것도 충격인데 장윤정의 그 행동을 보노라니 여간 불쾌하지 않았다. 이찬원이 측은해졌다.

진선미를 뽑으면서 진 1등에게만 1억 원의 상금에다 고급 승용차, 안마의자, 수재화 200켤레, 조영수 작곡가의 신곡 앨

범, 의류 이용권 등등 푸짐하게 몰아주고 선과 미에게는 상금도 상품도 없다는 게 이상하다. 바로 옆에서 진이 받는 상금, 상품을 보고 서 있는 선과 미의 심정은 어떠했을까? 그렇게 1등에게만 상금 상품을 주려면 애초부터 진 한 명만 뽑을 일이다. 선과 미는 왜 뽑나? 이래저래 기분 나쁘다.

이찬원은 두 단계 내려갔음에도 아쉬운 기색을 드러내지 않는다. 아무 준비 없이 올라와 그저 마스터 심사를 받아보고 싶었다며 3등에 든 것만으로도 영광으로 생각한다고 말한다.

사실 3등도 대견하다. 현역 가수도 아니고 소속사도 없고 대학교 다니다가 휴학계 내고 가방 하나 들고 상경해서 참여했으니 안 그런가. 트롯 외길 24년을 걸어왔다고 하지만 군복무에 학교 공부에 언제 노래 연습할 시간이 있었겠는가.

매주 목요일 밤 10시에서 자정이 넘도록 1등에서 7등까지의 가수가 출연하여 사랑의 콜센터 방송을 하는데 밤늦게까지 텔레비전 시청을 안 하던 내가 이날을 기다리고 이 방송을 본다. 날마다 코로나19 슬픈 소식을 접하며 불안과 걱정의 일상에서 웃음 잃은 나에게 사랑의 콜센터는 잠시나마 즐거운 시간을 갖게 해준다.

그런데 수천 통 심지어 만 통이 넘는 전화를 해서야 교환

원과 통화가 이루어졌다고들 하고 통화가 이루어진 뒤 사랑의 콜센터에서 전화가 걸려 오는 이른바 당첨은 하늘의 별 따기라고 한다. 운 좋게 전화 당첨이 된 사람이 원하는 가수에게 노래를 신청해 듣고 가수의 높은 점수로 상품을 타게 되는 걸 보면서 나는 내 일이나 된 양 기뻐해 주곤 했다. 그러다가 나도 당첨자가 되어 보기도 한다.

내게 전화가 걸려 온다. 김성주 센터장과 붐 부센터장이 사랑의 콜센터라고 외치고 가수 일곱 명이 손뼉 치며 환호한다. 센터장이 먼저 원하는 가수의 특징을 말하라고 한다. 원하는 가수는 노래를 참 잘 부른다고 했다. 임영웅, 영탁, 이찬원, 김호중, 정동원, 장민호, 김희재 모두 긴장된 얼굴이다. 노래는 다 잘 부르니 어찌 안 그러랴. 또 얼굴이 잘생겼다고 했다. 일곱 명 모두 고개를 길게 하여 잘생긴 사람은 나라고 무언의 표정들을 짓는다. 다 잘 생겼으니 또 어찌 안 그러랴. 센터장이 다음을 재촉한다. 귀엽게 생겼다고 했다. 김호중, 장민호만 제외하고 기대하는 눈치다. 나는 한마디 더 했다. 아직 엄마 젖 더 먹어야 하는 얼라(아기)라고.

정동원이 입을 크게 벌리고 만면에 웃음 지어 벌떡 일어나서 전화통 앞에 가 선다.

'어! 어! 어! 아닌데.'

마침 김성주 센터장이 가수 이름을 크게 불러야 한다고 말한다. 나는 "이찬원요" 소리 질렀다. 정동원은 어리둥절 무안한 표정으로 자리로 돌아가고 가수 여섯 명은 파안대소하며 의자에 쓰러진다. 이찬원이 전화통 앞에 선다. 센터장이 아직 얼라라며 어째서 정동원이 아니고 이찬원이냐고 묻는다. 내가 큰소리로 대답했다. 엄마 보고 싶다며 닭똥 같은 눈물을 흘리며 펑펑 우니 아직 얼라 아니냐고. 또다시 웃음바다다.

노래 신청을 하라고 한다. 엄마가 살아생전에 좋아하셨던 남인수의 「고향은 내 사랑」을 신청했다. 혹시 이 노래를 이찬원이 모르면 어쩌나 하는 걱정이 잠깐 들었지만 최소 1,000곡은 안다고 한 찬또위키가 아닌가. 역시 이찬원은 망설임 없이 「고향은 내 사랑」을 잘 불렀고 100점을 받아 좋아했다. 그리곤 냉장고며 텔레비전 등 고가의 상품을 잘 뽑아 얻은 금손이란 별명이 무색하지 않게 또 냉장고를 뽑았다. 붐이 놀라 바닥에 쓰러지고 김호중이 날렵하게 달려가 두 손으로 가슴 누르는 응급처치를 한다.

상품이 배달되었다. 냉장고 옆에 또 냉장고. 볼수록 사랑스럽고 나를 살맛 나게 한다. 청소보다 싫고 밥하기보다 싫은 설거지도 신이 난다.

내 일찍이 이런저런 제비뽑기에서 당첨된 적은 한 번도 없었기에 요행 같은 것 아예 바라지 않는다. 그래서 사랑의 콜센터에 전화하지 않았다. 하지만 내가 전화를 하고 연결이 되고 당첨이 되어 내 가수의 노래를 듣고 상품을 타는 상상으로 잠시 행복해하는 것이다.

김호중을 투표해 달라고 내게 부탁한 이 친구에게 나의 이 행복 만들기 이야기를 해 주어야겠다.

윤준이

"윤준아!"

"응."

그래 생각해서 그런지 손녀 윤준이 얼굴이 많이 밝은 것 같다. 부르면 대답하는 목소리도 전에 없이 상냥한 것 같고.

사람은 누구나 타인에 의해 이름이 주어진다. 자신이 좋은 사주로 태어나고 싶은데 그런 희망 사항과는 상관없이 이미 어느 날 어느 시에 태어났듯이 이름도 마찬가지다. 누군가에 의해 이름이 지어져 있고 그 이름을 평생 쓰게 된다.

그런데 많은 수의 사람들이 자신의 이름에 만족해하지 않는 것 같다. 다른 사람이 생각할 때 괜찮게 느껴지는 이름도 본인이 마음에 안 들어 하는 경우가 많음을 본다. 어렵게 이름을 바꾸고 또 불만해 하는 경우도 많다. 무엇보다 이상한 건 거금을 들여 작명가에게 지은 이름이 다른 작명가가 나쁘다고 할 때이다.

아버지가 지으셨다는 내 이름에 나의 불만은 대단히 컸다. 언니들 오빠들은 물론 4촌 6촌 모두에게 들어간 돌림자가 내 이름엔 안 들어가서였다. 이웃 아줌마 한 분은 걸핏하면 나를 공굴 다리 아래서 주워왔다고 놀려 더욱 이름이 불만스러웠다.

내 이름에 불만이 큰데 어머니 이름은 불만에 창피하기까지 하였다. 초등학교에 함께 들어간 소꿉친구 재숙이가 애들 있는 데서 "순혜네 엄마 이르므~은..." 하면서 나를 보고 야릇하게 웃으면 내 가슴은 마구 쿵쾅거렸다. 한술 더 떠 "순혜네 엄마 이름은 오 오 오" 한다. 재숙이는 내가 우리 엄마 이름을 창피해하는 걸 알고 있어 이름 이야기를 꺼내고는 쾌감을 느끼는 것이다.

동네 반장인 저 아버지에게서 우리 엄마의 이름을 알게 된 재숙이는 마치 다른 사람은 모르는 내 약점을 혼자만 알고 있는 듯 으스댔다. 나보다 키도 크고 허리통도 굵은 재숙이 입을 내 무슨 수로 막을 건가. 공부야 내가 더 잘하지만 그건 그 애 입을 막는 데에 아무 소용이 없었다. 너무나 촌스러운 울 엄마 이름, 괴상하기까지 한 그 이름 김옹중악, 아기 때 하도 작고 옹종하여 옹종아기라 부르다가 누군가에 의해 호적에 옹중악으로 올렸다는 것이다.

윤준이가 자라면서 자신의 이름이 남자 이름 같다고 불만스러워한다는 말을 며느리에게 들었다. 이름이 여성스럽지는 않지만 크게 남자 같지도 않은데 본인이 그렇게 느끼니 나무랄 수도 없었다. 결국 며느리는 유명하다는 작명철학관에 가서 이름을 지어왔다. 미서(尾西)로. 꼬리 미에 서쪽 서라니? 작명가 나름의 어떤 뜻이 숨어 있는지 몰라도 생각할수록 그 이름이 싫었다. 윤준이도 싫다고 했다니 개명을 하려면 본인이 식섭 짓는 수밖에 없을 것 같다.

여성 작가 중에는 이상하게도 남자 이름 같은 이름이 많다. 한 여류는 세미나 때 배정받은 방으로 갔더니 남자들 방이더라고 하였다. 이름 때문에 생긴 에피소드였다.

자신의 이름에 그리도 신경을 썼던 윤준이는 중학교 들어간 후 이름으로 인한 스트레스를 떨쳐버렸다고 한다. 자기보다 훨씬 남자 이름 같은 정필이란 학우 때문이라고 한다.

윤준이는 앞으로 자신의 이름보다 더 남자 이름 같은 여자가 많다는 걸 알게 될 것이다. 그리고 어릴 때 이름 때문에 괜히 신경을 썼다고도 생각하며 미소를 지을 것이다.

서가를 바라보며

잘 정돈된 서가를 바라본다. 어수선한 부엌을 깨끗하게 설거지하고 난 뒤처럼 마음이 개운하다.

책장 정리를 벼르다가 하였다. 전집류는 일찌감치 건넌방으로 옮겼고 월간, 계간 문예지도 개인 작품집에 자리를 내주고 베란다 창고로 들어가 책장엔 알곡 같은 책만 남았다.

책은 거의 작가들로부터 증정받은 것인데 ㄱ자로 놓인 두 개의 책장 중 하나엔 여성의 책, 다른 책장엔 남성의 책을 꽂았다. 성과 이름을 가나다순으로 하여서.

책장 정리를 하니 어느 회원 작가가 책을 몇 권 냈는지 쉽게 알 수 있어 좋다. 나와 비슷한 시기에 등단을 한 여성 수필가가 수필집을 11권, 시집을 5권 출간했음을 정리된 서가가 쉽게 확인시켜 준다.

이 작가는 병마에 시달린 환자였다. 어느 해 세미나 때 한 콘도에서 하룻밤을 같이 했는데 볼이 오동통하고 전체적으로 살집이 있었다. 그런데 몇 년 후 세미나 때 많이 수척해져 있었고 음식을 잘 먹지 못하였다. 암 수술을 받았다고만 했는데 얼마 후 그의 병상 일기를 읽고 몇 년간에 자궁암, 위암, 대장암 수술을 받았음을 알게 되었다. 그 고통 속에서 글을 쓰고 책을 출간하다니 나란히 꽂힌 서가의 그녀 책 앞에서 가슴이 먹먹하다.

남성의 작품집이 꽂힌 서가에도 구순을 넘긴 회원의 수필집 아홉 권이 나란히 꽂혀 있어 감동을 준다.

오래전 단독주택에 살 때 우리 집엔 책장이 하나였었는데 아파트로 이사 와서 책장 하나를 더 사서 나란히 붙여놓았다. 책을 있는 대로 진열해도 공간이 많아 거기 얼른 책이 들어가 차기를 바랐다. 망설이고 망설이다가 애꿎은 반찬 값 줄여 책 한 권 사서 책장에 꽂아 놓고 살림 틈틈이 빼서 읽으며 행복해하였다.

군 복무로 휴학했던 아들이 복학한 탓에 제 여동생과 한날 한시에 대학 졸업식을 했다. 아들은 감정평가사 시험에 합격하여 연수받는 날을 기다리기 위해, 딸은 7급 공무원 최연소

합격자가 되어 발령을 기다리기 위해 짐보따리 싸서 집으로 왔다. 애들의 짐보따리 속에서 많은 책이 나왔다. 그런데 전공의 책들은 저들 방에 두더라도 문학에 관한 책은 거실의 헐렁한 책장에 꽂을 줄 알았는데 각자 자신들 방에 꽂아두는 게 아닌가. 좀 놀랐다.

그런데 가끔 내 책이 딸 방의 책꽂이에 있을 때가 있다. 책을 읽느라 그러나보다 했는데 그게 아니었다. 어느 날 딸 방의 책 한 권을 거실의 책장에 꽂아 놓았더니 딸이 외출에서 돌아와 제 방에 들어가더니 금방 방문을 활짝 열고 거실로 나왔다. 그리곤 책장의 자기 책을 가리키며 "엄마, 저 책 다 읽었다면서 또 읽으려고요?" 아주 빠르게 따지듯이 묻는 게 아닌가. 딸은 평소 목소리가 작고 조용조용하게 말하는데 목소리가 커서 깜짝 놀랐다.

'어머머, 저 애 목소리가 저리 클 때가 있나?' 속으로만 생각하고 "으응 아아니" 어정쩡한 대답을 하고 그 책을 빼서 딸 방 책꽂이에 꽂아 놓고 나왔다. '너는 내 책 그것도 표지 예쁜 거 갖다 놓았으면서 그러냐?' 딸 방에 있는 내 책을 슬쩍 보고 하고 싶은 말은 꾹 참고서.

세월이 흐르는 동안 나는 문단 등단을 했고 문단 생활을 하니 작가들이 보내주는 책이 많아 책장이 모자라고 있다.

딸이 결혼하자 그 애가 쓰던 방을 내가 서재로 쓰며 거실의 책장을 ㄱ자로 들여놓았다. 지난날 책에 대한 애착으로 서점을 기웃거리고 애들과도 책으로 신경전을 벌이던 그때 그 시절이 한 토막 아름다운 추억이 되어 정리된 서가 앞에서 떠올려진다.

다시 서가를 바라본다. 읽지도 않는 책을 장식용으로 꽂아 놓는 집이 많다고 하는데 나는 작가들이 사인하여 보내준 단행본들이기에 너무나 소중하다.

책을 받는 대로 진열해 놓다가 저자 이름 가나다순으로 정리를 해 놓으니 읽고 싶은 책을 찾느라 헤매지 않아도 되어 또 좋다.

6

한 다리도 십 리

- 신작 -

문단 생활

문득 생각하니 놀랍다. 내가 문단 생활을 하고 있다는 것이. 꿈은 이루어진다지만 내가 언제 문단 등단을 꿈꾸었던가? 진정 나는 문단 등단의 꿈을 한 번도 꾸어 보지 않았다.

남편의 직장 따라 하늘 작게 보이는 첩첩 산골에 가서 살 때 그이가 직장에서 본 구문이 된 서울신문을 가지고 왔다. 그 신문 독자란에 실린 어느 주부의 글을 읽으니 나도 이 정도는 쓸 수 있을 것 같다는 생각이 들었다. 원고지 5매 정도의 짧은 글이라 힘 안 들이고 나도 글 한 편 써 보냈더니 신문에 실렸다. 내 부탁으로 그이가 다른 신문도 가져다주었는데 그 일간지들이 전부 주부 글쓰기 난이 있어 일손 틈틈이 생활 주변의 이야기를 써 투고하니 채택이 잘 되었다.

그곳 생활 1년 뒤 남편의 직장 동료가 이직해 이사 가며 우리에게 라디오를 팔고 갔다. 시댁에 라디오가 있지만 가지고 올 수가 없었고 새로 살 형편도 못 되었다. 아버님 병환으로 지게 된 빚을 계 앞 번호를 타서 갚고 매달 곗돈을 보내야 하는 처지였기에.

네 개의 굵직한 건전지를 넣는 성능 좋은 금성 라디오는 KBS와 MBC는 물론 고향 집에서 잡히지 않는 동아, 기독교 방송까지 잡음 하나 없이 잘 들렸다. 거기다 방송국마다 원고료와 무슨 무슨 상품을 준다며 살아가는 이야기를 써서 보내라고 애원(?)을 하니 내 어찌 가만히 있을까. 이런저런 사연 보내니 채택은 또 어찌 그리 잘 되던지. "또 저 여자 글이야" 했다면서 자기도 글이 뽑혀 방송 타고 싶으니 글 좀 어지간히 보내라는 청취자의 엽서를 받기도 했다.

기독교 라디오 방송에 글이 채택되어 월간 잡지 『여성중앙』을 6개월 동안 받아보고 있는데 어느 날 『여성동아』가 오지 않는가. 놀라 책을 펼쳐보니 동아방송에 보낸 글을 방송국에서 월간지 『여성동아』로 보내어 거기 독자란에 올려 원고료와 함께 보낸 것이다. 두 여성지는 서점이 없는 그곳에서 참으로 반가운 선물이었다. 그 후 이 두 잡지의 란에도 글을 투고 하니 채택이 잘 되었고 선자(選者)들의 평도 좋았다. '알맞게 빠른 템포가 생기를 주고 군더더기가 없다'란 평이 특히 기억에 남는다.

몇 년 지나니 발표된 글이 많아 98편을 선정하여 덜컥 책을 냈다. 책 출판에 가족과 주변 사람들이 많이 축하해 주었는데 문인인 이질은 아주 못마땅히 여겼다. 무명 출판사에서 책을 냈다고였다. 그리고 이모가 아무리 글을 잘 써도 등단하지 않으면 알아주는 이 없다며 등단을 권유하였다.

문단 등단? 한 번도 생각해 보지 않았다. 아니 그런데 알아주는 이 없다니? 라디오의 주부 프로와 일간지, 월간 여성지에서 알아주지 않았는가. 그로인하여 몇 군데 사보에서도 원고 청탁을 해 왔는데. 또한 경향신문, 문화방송 주최 '물자절약 실천화를 위한 생활 수기 공모'전에서 최우수작에 뽑히기도 했는데.

문화방송 경향신문 최석채 회장님은 내 글을 1930년대에 유명했던 일본 작가 豊田正子의 「綴方教室」이 대표적인 예로 상기된다고 하셨고 문단이 따로 있는 게 아니라 평범한 가정생활 속에서 우러나는 구슬 같은 작문이 오히려 산 문학이라는 것을 깨우치게 되었다고도 하셨는데.

결국 조카의 등단 권유와 최석채 회장님이 보내신 칭찬의 편지에 나는 마음을 바꾸어 문단 등단을 생각하게 되었고 월간 『수필문학』에 2회 추천을 받고 등단을 했다. 이미 작품집 한 권을 출간해서 한 번으로 추천 완료해도 되지만 절차대로 두 번의 추천을 했다는 글을 심사평에서 읽었다. 이때부터 라디오, 신문, 잡지의 투고는 미련을 버리고 일절 하지 않았다. 당당한 수필가로의 긍지를 가지고 원고 청탁이 오면 퇴고를 거듭하며 정성을 다하여 썼다. 투고할 때 더러 원고지에 바로 쓰기도 했는데 그런 무성의한 글은 절대 쓰지 않았다. 쓰고 싶으면 쓰고, 쓰기 싫으면 안 써도 되는 일도 있어서는 안 되었다. 원고 청탁이 오면 마감 날을 지켜야 하기에 열나는 몸살로 끙끙 앓으면서도 글을 썼다. 힘들었다. 글쓰기가 피가 마르고 뼈가 깎이는 일임을 예전엔 미처 몰랐다.

그런데 등단 후 문단 생활을 하다 보니 내가 몰랐던 게 있지 않은가. 수필가들이 수필 대가들에게 수필 지도를 받은 뒤 등단을 했고 등단 후에도 수필 지도를 받으며 수필 공부를 한다는 것이 그것이다. 학교 방학 숙제에 글짓기가 있어 큰오빠에게 도움을 요청했을 때 글은 혼자 쓰는 거라며 들어주지 않았었다. 현대문학을 구독하고 어딘가에 응모한다며 소설을 쓰고 있는 오빠였기에 당연히 도움을 주리라 믿었는데 아니었다. 그 후 나는 글은 진정 본인 재량으로만 써야 한다는 인식을 가지게 되었다.

문단 등단 후 글을 좀 더 잘 쓰고 싶어 나도 수필 대가의 강의를 듣고 싶은 마음이 들었지만 체념했다. 길 먼 도시로 수필 공부하러 갈 여건이 주어지지 않았기 때문이다. 아니 그보다 이미 문학평론가로부터 도입과 전개, 종결의 질서와 순서 등 구성이 좋다는 평을 받은 내 글이 새삼스러운 수필 공부로 하여 어수선한 글이 되지 않을까 하는 우려에서다. 또한 내 글은 이름을 안 보고 읽어도 박순혜가 쓴 글이란 걸 알 수 있다는 작가도 있다. 이 또한 수필 지도를 받다가 이 때까지 써 온 내 글이 내 작품이 아닌 것 같다는 느낌을 안겨주게 될까 두렵기도 했다.

그런저런 이유로 나는 결국 그 누구의 수필 지도를 받지 않고 혼자 글을 써 왔고 앞으로도 그렇게 쓰며 문단 생활을 할 것이다.

노화

"으음 으음 흠 흠
♬뒷똥산 아지라앙이 할미이꽃 피면
꽃댕기 매고 노올던 예엣 친구 생각난다♪"

헛기침을 자주 하면서 목청을 가다듬은 뒤 조영남이 부른 「옛 생각」을 스마트폰에 녹음하여서 듣는다. 실망이 커 지우고 다시 부르며 녹음하기를 여러 번 했다. 목소리가 예전과 같지 않다는 건 예상했지만 탁하고 갈라지듯 들릴 줄은 몰랐다.

오래전에도 카세트 라디오에다 빈 테이프를 꽂아서 내가 좋아하는 노래를 부르며 녹음했었다. 그런데 주변의 방해되는 소리 때문에 지우고 하고 지우고 또 했지 목소리가 마음에 안 들어 지우진 않았었다.

"수박 토마토 사요, 감탕 같은 수박이에요."

"감자 사요, 타박타박한 밭 감자가 왔어요."

"화장지 사요, 질기고 보드라운 화장지가 왔어요, 지금 안 사면 후회해요."

"칼치 사세요, 싱싱한 칼치요."

그때 우리가 사는 주택의 골목은 저렇게 날마다 시끄러웠다. 그래도 어찌어찌 개 짖는 소리가 섞이긴 했지만 녹음을 해서 들었었는데.

몇 년 전 스물한 살의 조명섭이 KBS 티브이 '노래가 좋아' 가요 경연대회에 나와 「신라의 달밤」 「이별의 부산정거장」 등 옛날 노래를 구수하게 잘 불러 상을 탔다. 어느 날 그의 노래를 유튜브에서 듣는데 며느리의 안부 전화가 왔다. 어머님 뭐 하시냐고 하기에 사실대로 이야기했더니 며느리는 이 시어미 이야기를 제 남편한테 했나 보다. 아들은 블루투스 스피커를 사서 조명섭이 부른 노래를 죄다 녹음을 하였고 내가 좋아하는 노래 몇 곡도 함께 녹음해서 택배로 보내주었다.

그 깜찍하고 귀여운 블루투스 스피커 선물이 나를 얼마나 기쁘게 했는지 걷기 운동 갈 때면 반드시 호주머니에 넣었다. 집을 나서서는 노래를 듣기 위해 평소에 오르던 천봉산이나 사람 많은 뒤 냇가 방천길이 아닌 인적 드문 들길을 택해 걷기를 했다. 그런데 '듣기 좋은 꽃노래도 한두 번'이라는 속담대로 세월이 조금 흐르고 보니 운동 갈 때 블루투스 스피커를 안 챙겨가는 날이 자주 생겼다. 가요를 예전엔 왜 유행가라 했는지 알 것 같았다. 그런데다 이 방송국 저 방송국의 뒤이은 가요 경연대회로 하여 전국적으로 가요 열풍이 일었고 나도 새 가수의 새 노래를 자주 듣게 되었다. 그러던 어느 날 갑자기 가수의 노래만 들을 게 아니라 내가 부른 노래를 녹음해서 듣고 싶어졌다. 옛날처럼 잡상인이 없는 주변 환경에 절간같이 조용한 집에서 스마트폰으로 얼마든지 녹음을 할 수 있으니 참으로 좋아진 세상임을 느끼며 녹음을 시도한 것이다.

몇 년 전 모처럼의 고향 친구에게서 걸려 온 전화 "너 목소리가 어이 그리 젊냐?"

한 젊은 지인의 나를 볼 때마다 하는 레퍼토리, "저는 나이 들어도 사모님같이 곱게 나이 들래요."

문학 세미나 때 동갑내기 셋이서 한 방을 배정받아 잠잘 때 나를 막내라며 가운데 자라고 한 문우들.

가는 세월 비례해서 신체 기능이 저하되어 가고 있음을 알면서도 지난날의 이런 기억들로 내 몸은 노화되지 않았다는 착각을 하였던가 보다. 세월 앞에서는 장사 없다고 누구나 나이 들면 건강에 조금씩 이상 신호가 오는 것을. 얼굴과 목에 주름이 생기고 검은 머리카락이 하얗게 세고 눈꺼풀이 내려처지는 등 외관상 노화현상도 나타나는 것을. 그래서 말해주지 않아도 상대방의 나이를 어림짐작할 수 있는데 잔인한 세월이 성대라고 뭐 특별히 예대로 두었겠는가. 골고루 퇴화시킨다는 것을 생각하지 못했다.

평소에 말하면서는 느끼지 못했던 녹음하여 들은 내 노래 소리에 나는 우울해졌다. 노화현상인 걸 알면서도 목에 무슨 이물질이 걸려 있어 그러기나 한 듯 자꾸 목청을 가다듬느라 헛기침을 했으니 딱하다. 청춘 저 멀리 달아나 버리고 황혼의 길목에 와 있는데 나는 그걸 잊고 노래 녹음한다고 요란을 떨었다.

착각 속에서 깨어나야겠다. 그래도 스마트폰에 내 목소리로 노래 불러 녹음하여서 들으려 한 건 내 정신 상태는 아직 젊다는 증거가 아닌가 싶기도 하다.

아지랑이 아른거리고 뒷동산에 할미꽃이 피면 옛 친구 생각하며 내 노래 녹음하여 듣는 것도 좋겠지. 그러나 겨우내 움츠렸던 어깨 펴고 뒤 냇가 벚꽃 곱게 핀 둑길 걸으며 노화되어가는 내 몸 건강 다지기부터 해야겠다.

“♬뒷똥산 아지라앙이 할미이꽃 피면♪” 허밍으로 날리며.

딸기

택배가 왔다. 주문한 것도 없는데 뭐지? 얼른 상자에 붙은 주소를 보니 며느리가 보낸 택배이다. 내용물은 딸기이고.

딸기는 크고 싱싱하고 윤기가 좌르르 흐른다. 먹어보니 달고 매우 맛있다. 여기 마트에서 파는 딸기와는 비교 불가다. 남편에게 딸기를 보이며 애미가 사 보냈다고 하니 "먹어어~" 한다. 나 혼자 먹으라는 뜻이다. 남편은 과일을 좋아하는데 딸기도 좋아하면서 싫은 척한다. 언제나 딸기를 사면 나 혼자 먹으라고 했는데 이번에도 그런다.

오래전 딸기 사건이 있었다. 아들은 대학 들어가 객지에 있어 딸과 세 식구가 지낼 때 옆집에서 딸기를 가지고 왔다. 반갑고 고마웠다. 시장에서 딸기를 보고 살까 말까 망설이다

값비싼 데 놀라 군침만 꿀꺽 삼키고 발걸음 되돌렸는데 딸기가 내 눈앞에 있는 것이다. 그때 나는 일본 작가 미우라 아야코의 『태양은 언제나 구름 위에서』를 식탁 의자에 앉아 읽고 있었으며 책 놓기 싫어 점심시간이 훨씬 지났는데도 밥을 안 먹은 상태였었다. 그러기에 그 딸기가 더욱 군침을 돌게 했다.

글을 읽으며 한 개 두 개 먹던 딸기가 죄다 내 입으로 들어가고 말았다. 딸에게 미안했다. 돌덩이같이 무거운 책가방에 두 개의 도시락 가방을 메고 들고 밤늦게 올 고3 딸 생각을 아니 하고 어찌 딸기 한 접시를 혼자 다 먹을 수 있나 싶어 뒤늦게 후회가 되었다.

'딸기를 혼자 먹다니, 혼자 다 먹다니' 혼자 중얼거리며 이런 무정한 엄마는 세상천지에 나밖에는 없을 것이라는 생각을 하며 자책하다 보니 생각나는 게 있었다. 어느 주부의 글인데 돼지고기를 구워 애들에게 먹이며 자신이 같이 먹으면 애들이 실컷 못 먹을 것이므로 껍질만 먹었다고 한다. 그런데 아들이 얼른얼른 커서 이다음 돈 많이 벌어 엄마 돼지껍질 많이 사 주겠다고 하더라는 것이다. 또 한 주부는 가난한 살림에 비싼 고기를 자주 살 수 없어 먹고 싶어도 참으며 남편과 애들에게만 주며 고기를 싫은 척했다는 것이다. 그런데 아들 결혼을 시켰더니 아들이 며느리에게 엄마는 고기를 싫어하시니 드리지 말라고 하더라 했다. 두 주부 다 충격을 받았고 섭섭했다고 하였다.

우리 집에서도 비슷한 일이 있었다. 어느 날 케이크 두 상자 생겼다. 남편과 아들, 딸 셋이서 “아빠 잡수세요” “응 너희들도 먹어” 하며 옆에 있는 나에겐 빈말이라도 조금 먹어 보라고 하지 않고 아주 맛있게 먹었다. 그때 내가 위장병이 생겨 의사의 당부에 밀가루 음식을 멀리하고 식이요법을 하는 중이었지만 괜히 섭섭했었다. 어쩜 셋이서만 냠냠 하나 싶어서.

그 후 나는 싫어도 고기를 먹을 것이며 돼지껍질은 절대 안 먹을 것이며 케이크도 속 좀 불편하더라도 조금이라도 먹으리라 마음먹었었다. 딸기를 혼자 다 먹고 나서 자책하는 중에 저절로 위 이야기들이 떠올랐고 그로 하여 딸기를 혼자 먹은 것에 대한 미안한 마음이 다소 줄기도 했다.

그래도 딸기를 혼자 다 먹은 철딱서니 없는 나의 행동을 딸보다 먼저 집에 온 남편한테 고백했다. 그는 “허허허 뭐 우리 집은 딸보다 저 엄마가 더 어리니까 잘 먹었네” 하였다. 밤늦게 온 딸에게도 딸기 혼자 다 먹은 고백을 했다. 이런저런 핑계는 다 생략하고.

“엄마! 잘하셨어요” 서운한 기색 하나 없이 미소 지은 얼굴로 딸은 말했었다. 남편은 딸기만 보면 그때가 떠오르는지 늘 나 혼자 먹으라고 한다.

며느리가 보낸 딸기를 냉장고에 넣고 몇 개를 먹다가 전화를 했다. 딸기를 보내주어 잘 먹겠노라고. 그런데 달콤하고 맛이 너무너무 좋다며 너희도 맛 좋더냐고 하니 며느리는 얼른 대답을 아니 하고 머뭇머뭇하더니.

“저어 어머님 그 딸기가 조옴 비싸서요, 어머님께만 주문해 드렸어요. 저희는 다른 먹을 거 많으니 걱정하지 마시고 잡수세요. 달고 맛있다니 다행이에요.”

저네들 무얼 사 먹고 맛있으면 우리 집으로 주문해 보내기도 하여 이번에도 딸기를 저네들 먼저 사 먹고 맛있어 주문시킨 줄 알았는데 그게 아니었다. 높은 가격에 저들은 안 사 먹고 내가 딸기 좋아한다고 우리 집으로만 사 보낸 것이다.

통화를 끝내고 먹는 딸기는 아들, 며느리의 따뜻한 마음이 전해져 더욱 달콤하고 더욱 맛이 있다.

골탕

모임에 나갔다가 들어온 남편, 술 냄새가 조금 난다. 곱지 않으나 밉지도 않다. 이 세상의 냄새 중에서 술 냄새가 제일 싫다며 평소 술 마시고 온 날의 그에게 관대하지 않았던 내가 변했다.

공무원으로 첫 직장을 산간벽지로 발령받아 가서 살 때 그를 일러 '술 안 마시고 담배 안 피우는 얌전한 ○○○'이라고 주변 사람들이 입을 모았다. 그런데 알고 보니 그는 술을 썩 잘 마셨다. 승진되어 다른 타지로 발령받아 가서 살 때 그걸 알았다.

그 직장 상사는 남편과 술 마시기를 좋아했다. 우리가 고향에 가지 않고 집에 있는 주말이면 옳거니 싶었던지 대낮부터 직접 찾아와서 남편을 데리고 나가기도 했다.

토요일인 그날도 불려 나갔는데 밤늦도록 오지 않았다. 데웠다 내려놓았다 한 연탄불 위의 찌개 냄비를 내려놓고 어린 딸을 업고 자는 아들을 확인한 다음 술집을 찾아갔다. 차마 안으로 들어가지 못하고 밖에 서 있노라니 남편과 그 상사는 '하하하' '허허허' 웃으며 아주 신바람이 나 있다. 그런데 이게 뭔 소리인지? "딴 딴 따 따" 결혼행진곡 소리가 나지 않는가.

술집 여자와 결혼식 하는 흉내를 내나 보았다. 신랑은 당연히 나이 많은 상사가 아니고 젊은 남편이다. 술을 늦도록 마시는 것도 못마땅한데 뭐 결혼식? 아무리 장난으로라도 술집 여자와 결혼식이라니.

남편이 그렇게 끼가 많은 줄 몰랐다. 발걸음을 되돌렸다. 배는 고프다 못해 쓰렸다. 술에다 안주에다 배부르게 먹으며 행복한 시간을 보내는 사람을 배에서 '쪼르르' 소리 나도록 굶으며 기다린 게 바보 같고 억울했다. 골탕을 먹이리라 했다.

어렸을 적 닭들에 골탕을 먹은 적이 있다. 씻어서 마당에 널어놓은 밀을 닭이 못 먹게 감시 감독을 맡았다. 마루 끝에 앉아 닭 보는 일은 지루하고 싫었다. 닭들은 내가 한눈파는 사이 멍석의 밀을 마구 쪼아먹었다. 빠짝 말려 밀가루로 만들 밀을 두 발로 멍석 밖으로 뻗어내고 똥까지 찔끔 싸놓아 내가 닭을 잘 안 본 증거를 남겨놓곤 했다. 그때 그 달구새끼들에게 내가 먹은 골탕의 몇 배로 남편에게 골탕을 먹이기로 했다.

부엌문 안쪽으로 커다란 고무통을 놓고 물을 가득 담아 놓았다. 좀 이어 전개될 일을 상상하니 부글부글 끓어오르는 화가 좀 사그라졌다. 이윽고 남편이 방문 고리를 당긴다. 지금이 몇 시인데 아직도 안 잘까 보냐는 듯 문을 열지 않았다. 다시 뜰로 내려가 부엌문 여는 소리, 풍덩 발 빠지는 소리.

"히히히 고소해라." 그이는 부엌과 방 사이 메주 틀보다 조금 더 클까 말까 한 창문을 열고 머리부터 들이밀고 다이빙하듯이 휙 몸을 날리듯 들어왔다. 그 문으로 음식을 들이밀 때 그거 받아서 상에 놓으며 "나 이 창문 봉하는 게 소원이라" 몇 번이나 말한 그 창문을 아주 유용하게 사용했다.

그런데 이튿날 아침 물에 푹 젖어있어야 할 남편의 운동화는 멀쩡하고 내 털신이 푹 젖어 있지 않는가. 마루를 내려갈 때 내 털신과 바꿔 신을 수도 있음을 왜 생각하지 못했을까? 남편 골탕을 먹이려다가 내가 오히려 골탕을 먹은 것이다.

그곳에서도 다시 고향으로 와서도 그의 '술 안 마시고 얌전...' 어쩌고는 호랑이 담배 피우던 옛이야기다. 그가 술을 마시고 오면 나는 골탕 먹일 생각은 뒷전이고 행여 간이 나빠질까 염려되어 꿀물에 인삼에 술국 등을 해 주며 "이건 이거고 골탕은 언제고 한 번 된통 먹이고 말 거다" 독백하며 벼렸다. 퇴직 후엔 술 냄새는 심하게는 아니지만 가끔 풍겼는데 어찌어찌 골탕을 먹이지 못한 채 세월은 흘렀다.

그런데 지지난해 어느 날 남편이 복통을 호소했다. 몇 번의 장염 때 효험 본 약과 민간요법을 썼으나 이번엔 듣지 않았다. 뒤늦게 간 병원에서 맹장이 곪았다고 했다. 의사는 CT 사진을 보이며 일찍 병원에 오지 않음을 나무랐다. 상태가 심하여 수술이 어려워질 수도 있다며 사뭇 심각한 얼굴이다. 아들에게 연락까지 하라지 않는가.

진료실을 나와 아들과 통화를 하는데 의사가 나와서 내 핸드폰을 낚아채듯 하여서 들고 진료실로 들어가 문을 닫고 아들과 긴 통화를 한다.

결국 남편은 구급차에 실려 대구의 영남대학병원 응급실을 향해 갔다. 코로나19 확진자가 날로 늘어나고 특히 대구에서 대량 발생하는지라 아들은 나를 못 오게 했다. 링거를 꽂은 채 구급차에 누운 평소 흰 피부의 얼굴이 새까매지고 살이

쏙 빠진 그의 모습이 살아 있는 마지막 모습이 아니기를 복막염으로 돌아가신 외삼촌 생각을 하며 간절히 기원했다.

24시간 돌보는 간병인을 쓰나 아들은 보호자로서 병원에 들락거릴 것이니 코로나19에 감염되지 않을까 그것도 신경 쓰여 하루하루 내 마음은 불안했다.

그때 나는 결심했다. 앞으론 남편에게 골탕 먹일 생각을 하지 않기로. 골탕에의 미련조차도 버리기로.

한 남자가 여자를 하도 좋아해 그 아내가 남편을 많이 미워했다 한다. 그런데 남편이 죽자 그 아내가 여자 좀 좋아하게 놔둘 걸 괜히 미워했다며 울더라 하였다. 내가 남편한테 기어이 골탕을 먹였고 그가 나보다 먼저 가면 나도 골탕 먹인 것을 후회하지 않을까?

사람이 하고 싶은 말 다 못하고 산다는 말을 어머님이 가끔 하셨다. 하고 싶은 행동 역시 마찬가지 아니겠는가.

골탕을 먹이겠다는 마음을 버리고 나니 내 마음 편한데 그이에게서 술 냄새도 나는 둥 마는 둥 하더니 그마저도 요즘은 극히 드물다.

어지럼증 그리고

평소와 다름없이 아침에 일어나다 천장이 빙빙 돌아가는 심한 어지럼증이 와서 픽 쓰러졌다. 메스꺼운 증세도 있어 반짇고리가 있는 거실로 엉금엉금 기어서 나가 바늘로 양쪽 엄지손톱 밑을 찔러 피를 냈다. 체했을 때 나 스스로 하는 응급처치다.

남편이 찹쌀죽을 끓여 준다. 찹쌀죽 역시 내가 위장 탈을 일으킬 때 끓여 먹는 단골 메뉴다. 한술 떠먹으니 왈칵 넘어온다. 물을 마셨으나 그것도 넘긴다.

위장병을 자주 앓았다. 국가 건강검진 때 위내시경 검사에서는 매번 위염이라고 하였다. 의사는 약을 처방해 주지도 않았고 한국 사람 위염 없는 사람 어디 있느냐며 대수롭지 않다는 듯 말했다. 언젠가 개인 의원의 한 의사도 체기가 있을 때는 굶는 게 약이라 했고 하루 이틀 굶는다 해서 안 죽는다고까지 하였었다.

종일 아무것도 안 먹고 누워 지내며 어지럼증을 견뎌냈다. 이튿날은 어지러움은 조금 덜한 듯하여도 여전히 먹지는 못했다. 꼬박 이틀을 굶었는데도 밤이 되니 화장실은 가고 싶어 일어서려는 내 손 잡는 남편 옷에 좀 전에 한술 떠 넣은 죽을 왈칵 토를 했다. 남편은 심각한 병이라고 느꼈는지 내일 병원엘 가자고 한다. 나는 손을 내저었다.

아프면 병원엘 가고 치료를 받아야 하지만 큰 병원에서 초음파 검사를 해도 될 것을 CT 검사를 권유해 받은 적이 있다. 작은오빠의 임종을 앞두고 가족들이 모여 있을 때 무슨 검사를 한다며 피를 뽑겠다고 들어온 간호사를 보고 아연실색한 적도 있었다. 그 생각들이 나면서 병원에 가기가 싫었다. 위장병엔 굶는 게 약이라니 굶어보리라. 죽도 물도 입에 대기만 하면 토하니 굶는 게 상책 아니겠는가.

일주일 굶어도 안 죽는다는 소리를 들은 적 있어 굶어 지내며 병원엔 절대 안 갈 작정을 다시 했다. 그런데 남편이 슬그머니 거실로 나가더니 아들한테 알리는 것이 아닌가. 내 증세와 병원 안 가려는 고집까지. 아들은 날 밝는 대로 구급

차를 타고 대구로 오라고 한다. 두 부자는 내 병이 큰 병원엘 가야 할 큰 병으로 생각하는 것 같았다. 나도 가벼운 위장병이 아니지 않을까 싶으며 덜컥 겁이 났다. 그런데 좀 이어 며느리가 전화해 "어머님 증세 들으니 이석증 같아요. 내일 일단 거기 병원 빨리 가 보세요" 하지 않는가. 그러고 보니 요즘 잠잘 때 돌아누울라치면 귀에서 덜거덕 소리가 났음이 떠올랐다. 그제야 핸드폰을 집어 검색을 하니 며느리 짐작대로 이석증 같다는 생각이 들었다.

의사도 대뜸 이석증 같다고 했다. 전정기관에서 고정되어 있어야 할 이석의 일부가 떨어져 나와 세반고리관으로 흘러들어가서 어지럼증이 온다는 것이다. 그걸 제자리로 집어넣는 치료를 일주일간 받고 안 나으면 MRI를 찍자고 하며 물리치료실로 보내는 것이다. 볼록렌즈의 큰 안경을 쓰게 하고 눈을 움직이는 비디오 사진을 찍고 침대에 눕혀 놓고 머리를 이쪽저쪽 마구 휙휙 돌리며 처박는 치료를 받고 나오니 아들이 근심스러운 표정으로 진료실 앞에 앉아 있다. 이석증이라 짐작했으면서 대구서 여기가 어디라고 이리 일찍 왔냐며 나무랐다.

의사는 입원할 거냐고 묻는다. 그 물음은 입원을 안 해도 된다는 뜻이 숨어 있기에 재빨리 통원 치료를 받겠다고 했다. 수술을 하는 것도 아닌데 걸어서 5분 거리의 병원, 무슨 입원이냐 싶었다. 그런데 매일 치료 받으며 일주일이 되지 않았는데 MRI를 권유하지 않는가. 처음에 분명 일주일 뒤 차도가 없으면 찍겠다고 했기에 좀 당황스러웠다. 약효 탓인지 어지럼증은 남아 있어도 구토는 멎은 상태라 MRI를 안 찍겠다고 했다. MRI검사 자체도 무섭고 60만 원이라 하는 비용도 무서워서였다. 그것만이 아니다. 혈압이 정상인데다 지난해 건강검진에서의 심뇌혈관 나이도 내 나이보다 일곱 살 적은 숫자여서 뇌경색은 아닐 것 같아서였다.

입원도 안 하겠다, MRI도 안 찍겠다 하는 이 환자가 의사는 무척이나 못마땅했을 것이다. 여드레 되는 날 접수를 하려는데 창구 직원이 오늘은 과장을 먼저 보라고 한다. 진료실로 바로 가니 의사가 그래프를 가리키며 아직 남아 있다고 하는 게 아닌가. 그러면서 검사를 한다며 수납을 하고 오라는 것이다. 접수창구로 다시 가서 종전대로의 돈을 들이미니 오늘은 MRI라 한다.

그 검사란 말이 MRI인 줄 몰랐다. 나는 MRI를 안 찍겠다 하였다. 증세가 호전되지 않으면 환자는 의사의 말을 따라야 하건만 MRI 안 찍겠다는 배짱을 부리고 그전대로의 진료비를 냈다. 접수 아가씨도 말없이 내 뜻을 따라 주었다. 나는 그 불쾌한 물리치료를 또 받고 진료실로 가니 의사는 5일 동안 먹을 약을 처방해 주고 5일 뒤 차도가 없으면 MRI를 찍는다고 한다. 환자 의견은 묻지 않고 강행을 하겠단 뜻을 비쳤다. 입원을 안 하겠다고 했을 때부터 밉게 보인 것 같다. 물리치료는 더 이상 받을 필요가 없나 보았다.

진료실을 나와 착잡한 마음으로 대기실 의자에 앉았다. 어지럼증은 이석증이나 뇌경색에서만 오는 게 아니고 뇌의 나쁜 다른 병에서도 온다는 생각이 퍼뜩 들었다. 그래서 의사가 그토록 MRI를 찍으려는 게 아닌가 하는 생각도 함께 들었다. 이석증 오기 전에도 내가 오랜 세월을 두통으로 얼마나 힘들게 지냈던가.

시간이 꽤 지났는데도 일어날 생각을 하지 않고 앉아 있노라니 누군가 한 말이 생각났다. 몸이 아픈 것도 사주라는 말. 그렇다면 내가 이렇게 아픈 게 삶을 영위하는 과정에서 겪어야 하는 운명이란 말인가? 관심 없던 명리학을 파고 들어가 보고 싶단 생각이 들었다. 어머니가 자주 하시던 말도 떠올려졌다. '병이 명'이란 말. 그 말인즉 자주 아픈 사람은 그 병이 명을 잇게 하여 오래 산다는 것이다. 흘려듣던 그 말이 지금 이 순간 왜 떠오를까?

'맞아, 엄마 말이 맞을 거야 내가 명을 이어가느라 이리 자주 아픈가 봐.' 일어나 조금은 가벼워진 마음으로 발길을 한의원으로 향했다. 빨리 치유되지 않으면 자기 집에 와서 한방 치료를 받자고 한 아들의 말도 생각이 난 것이다. 며칠 동안의 이석증 증세와 병원 다닌 이야기, 평소 나를 자주 괴롭힌 두통과 정수리에 벌레가 기어다니는 것 같은, 병원에서 MRI 강요할까 두려워 숨긴 증세들을 죄다 한의원 원장에게 말했다. 원장이 시키는 대로 일주일에 사흘 월, 수, 금요일 예약을 하고 다녔다.

침을 머리와 손등, 손가락 발가락 등 참 여러 대도 꽂는다. 분말 스틱 3포의 약도 주는데 하루 치료비 너무 적음에 크게 놀랐다. 약을 매일 3포씩 먹고 빨리 낫고 싶어 돈을 더 내겠다고 해도 한의원 가는 날만 약을 준다.

2주 지나니 어지럼증이 완전히 사라졌다. 일주일에 세 번 갔으니 여섯 번 치료받은 것이다. 다시 두통 치료 시작으로 2주 더 한의원엘 다니며 치료를 받으니 나를 많이도 괴롭혀 온 머리의 증세들이 없어졌다. 이석증과 두통 치료의 침 놓는 부위가 다르므로 이석증 먼저 고치고 두통을 치료했다고 한다.

알고 보니 내 주변에 이석증 걸렸던 사람이 꽤 많다. 왜 이 병이 흔한가. 이석증 예방법으로 고개를 숙이지 말라고 하는데 요즘 스마트폰 보며 고개 숙이는 사람이 얼마나 많은가. 그래서 이석증 환자가 많은지도 모를 일이다.

나의 고개 숙이지 않기 실천하기는 어려울 것 같다. 고개 숙여 책도 많이 읽고 지금도 수필 한 편 짓느라 워드를 치면서 컴퓨터 앞에서 연신 고개를 숙이지 않는가.

재발이 잘 된다는 이석증, 두 번 다시 걸리지 않기를 바라는 마음 간절하다.

야생화 접사하러 갔다가

사진에 취미를 가진 친구에게서 헤매지 않고 한 자리에서 야생화 많이 담을 수 있는 데를 안다며 사진 찍으러 가자는 전화가 왔다.

야생화 사진이라니? 야생화 사진을 한 번도 안 찍었던 사람처럼 그 말이 내게 아득한 옛날에 들어 잊었다가 다시 듣는 어떤 이야기처럼 반갑게 들렸다.

내가 사진에 관심을 가지게 된 계기가 있다. 나의 문단 데뷔 수필문학사에서 해마다 가을엔 수필문학 추천작가 동인지 출판기념회 및 연차대회를 하는데 어느 해 가을 대구의 문우 세 명과 함께 연차대회의 장소 부산 해운대를 갔다. 행사와 만찬, 자유의 시간은 당일 행하고 다음 날은 관광을 하는데 우리 일행은 단체에서 이탈, 해월정으로 해서 용궁사를 찾았다. 제주도서 온 회원 한 분도 있었는데 이 회원은 비행기 타고 날아와서 우리 일행과 동행했다. 사진을 찍는데 대구의 이정연, 박월수 두 작가와 제주도 김봉선 작가는 사진작가들이 출사를 나온 듯이 가방에서 길고 묵직한 카메라를 꺼내 뷰파인더를 들여다보며 피사체를 겨냥하여 셔터를 누르곤 했다. 김봉선 회원은 사실 유명한 사진작가이긴 하다. 나는 바지 주머니에 쏙 들어갈 정도의 필름을 사서 끼우는 작은 카메라로 사진을 찍었다.

며칠 후 이정연 작가의 홈페이지에 제주 김봉선 작가가 글을 올렸는데 자신들의 카메라는 포클레인, 내 카메라는 삽으로 표현했다. 그리고 그 작은 카메라로 어찌 그리 당당한지 참 보기 좋았다고 썼다. 생각해 보니 그날 내가 문우들 큰 카메라에 주눅 들지 않고 사진을 열심히 찍긴 했다.

그날 이후 나도 포클레인을 장만하고 싶어졌다. 날이면 날마다 포클레인 꿈을 꾸다가 그 꿈을 이루었다. 렌즈를 갈아 끼울 수 있는 이른바 DSLR 카메라다. 광각 렌즈로는 뒷배경을 흐리게 하여 꽃 접사하기 어려우나 접사 렌즈는 화각이 좁아도 풍경 사진을 찍을 수 있기에 접사 렌즈를 먼저 샀다.

원하였던 카메라를 장만하고 보니 꽃 특히 야생화에 관심이 갔는데 그 꽃들이 가진 이름 때문이었다. 자주 다니던 천봉산 산책길에서 만난 아주 작고 야리야리한 꽃 이름이 '개도둑놈의갈구리'란 데서, 또한 이른 봄에 들에 피는 꽃으로 '봄까치꽃'과 '소당깨꽃'이란 예쁜 이름을 가졌건만 사람들이 굳이 '큰개불알풀'로 부르기를 더 좋아하는 데에 무한 매력을 느꼈다.

인터넷을 뒤져 사진에 대해 나 혼자 조금씩 터득하는 게 전부인 나의 사진 실력은 그저 그래도 사진의 매력에 빠져 뒤이어 광각 렌즈도 구매했다. 내가 찍은 사진을 블로그에 올렸는데 가끔 내 사진이 daum 뷰 오늘의 pick으로 선정되어 메인에 걸리기도 했다. 그때마다 적은 액수지만 통장으로 돈이 들어왔다.

그런데 많은 수는 아니지만, 블로거들이 다른 블로그로 옮겨갈 때 나도 하던 살림살이는 거기 그대로 하며 새집을 차렸다. 꽃 접사를 즐겨 했고 카테고리의 '꽃 사진' 숫자는 늘어났다. 방문자 수가 느는가 싶더니 어느 날 손가락 지문 화가가 안부란에 긴 댓글을 썼다. 사연인즉 내가 찍은 작약을 지문으로 그리고 싶어 간절하게 부탁을 하니 부디 허락해 달라는 내용이다. 예쁘게 그려서 인증샷 보내겠다고 하며. 허락했음은 물론이고 사진 하는 보람을 느꼈다.

친구와 같이 야생화 사진을 찍겠다고 찾은 곳은 충북 진천에 있는 보탑사다. 못 하나 사용하지 않은 3층 목탑으로 통일을 염원하기 위해 지었다는데 무려 42.7m나 되는 높이다. 나는 야생화 사진을 찍으러 왔다는 것도 잊은 채 보탑사의 매력에 빠졌다. 보탑사 내에는 소나무가 많은데 소나무 가지 가지마다 진분홍색 연등이 꽃이 핀 듯 조롱조롱 달려 있다. 한창 알이 차고 있는 김장배추가 여기저기에 질서정연하게 자라고 있고 배추 군데군데에 작은 선풍기가 돌아가고 있지 않은가. 배추밭에다 선풍기 바람 쐬어주는 걸 그 어디서도 보지 못했기에 너무나 신기했다.

보탑사는 1층 대웅전 안에서 3층까지 올라갈 수 있다. 1층에는 동서남북으로 부처님이 모셔져 있는데 부처님 오신 날 진상한 70개 넘는 수박은 동짓날 나누어 먹는다고 한다. 이 수박을 먹으면 무병장수한다 해서 동짓날 전국에서 사람들이 많이 모여드는데 그때까지 수박이 상하지 않는다고 하니 놀라울 뿐이다.

1층에서 2층의 법조전, 3층의 미륵삼존불을 모신 법당까지 올라갔다가 내려와서야 사진을 찍었다. 계절이 가을인 만큼 야생화는 드물고 국화 종류가 많다. 여러 개의 하얀 화분에 소복하게 키운 노란 국화는 한 그루 소나무와 작은 탑과 갖

가지 꽃들이 피어 있는 조그만 정원의 울타리 역할을 하고 있다. 화분이 아니라도 굵은 나일론 줄로 울타리가 처져 있어 안으로 들어갈 수가 없으니 꽃 접사의 애로가 있다. 야생화는 역시 산이나 들로 가서 담아야 함을 느꼈다.

해행당을 감싸 안듯 피어 있는 개미취꽃, 옛날 두레박 샘 모양의 수돗가에 주렁주렁 탐스러운 하늘진주(좀작살나무 열매), 출입문에 태극기가 꽂혀 있는 삼소실(三笑室) 안을 기웃거리는 백일홍을 야생화 대신 열심히 담았다. 거북 받침 위에 비신을 세우고 이수를 얹은 석비로 비문이 없어 백비로 부르는 여기도 배추가 자라고 있고 예쁜 선풍기가 돌아가고 있다. 너와 지붕의 산신각, 한없이 편안해 보이는 적조전 안의 와불, 그 앞의 부처님 발자국을 보고 보탑사를 나왔다.

보탑사 입구의 큰 느티나무가 들어갈 때보다 더 크게 느껴졌다. 야생화 사진은 기대한 만큼 성과가 없었지만 보탑사 탐방은 즐거웠고 오래 기억에 남을 것 같다.

있을 때

친구들과 식사 자리에서 한 친구가 불쑥 말했다. "박순혜 착하다고 본부장이 백 번쯤 말했어."라고.

그 착하단 이야기는 이미 다른 데서 들었던 터라 무슨 말인가 알지만 백 번은 너무하다 싶어 나는 "아이! 백 번이라니 뻥, 뻥도 세다"고 말해 주었다. 다른 친구가 거든다.

"그만큼 여러 번 말했다는 거겠지, 허허허."

친구가 말하는 본부장은 나의 손위 사촌 동서다. 동서네 집 거실은 친구 부부와 아주버님 친구 부부 등 몇몇이 모여서 고스톱도 치고 세상 돌아가는 이야기도 나누는 이른바 사랑방이다. 친구는 거기를 본부, 나의 사촌 형님을 본부장이라 칭하는데 근래 거기에 갈 때마다 예의 그 착하다는 이야기를 본부장이 하더라는 것이다. 수다스러운 형님이 아닌데 말 전하는 사람이 백 번이라고 할 정도면 정말 여러 번 말을 하긴 했나 보다.

어느 날 형님이 내게 말했다.

"뒤 냇가 둑길에 갔다가 천봉산 가는 아재(나의 남편)를 만났는데 따라가겠다고 하니 빙긋 웃기만 하고 그냥 가잖아." 어느 날 또 말했다.

"아재를 또 만났어, 이번엔 따라가려고 발걸음을 빨리했는데 아는 사람 만나 잠깐 말하는 사이 아재는 노루처럼 저만치 달아나서 못 따라갔지, 허허허."

"형님! 그이 따라 산에 가는 거 꿈도 꾸지 마세요. 진짜 노루랍니다. 나도 일찌감치 포기했다니까요."

갑장산 노음산과 함께 상주 3악 중의 하나인 천봉산은 해발 435.8미터로 시내 변두리에 자리 잡아 걷기운동 코스로 적당하다. 숨을 조금 할딱거리며 오르는 '할딱고개'가 있긴 하지만 그 고개를 피해 갈 수 있는 짧은 둘레길이 있고 소나무로 우거진 산길이 부드러워 시민들이 즐겨 오른다.

남편의 별명은 노루다. 산을 잘 탄다고 그이 친구들이 붙여주었다. 천봉산을 남편과 함께 한동안 다녔는데 그이는 내 발걸음에 맞춰가는 걸 답답해하는 것 같았다. 처음에는 나를 앞세우고 가다가 어느 사이 자리가 바뀌어 있고 어느 사이 거리 간격이 생겨 저만치에 서서 나를 기다리곤 하니 남편과 함께 산에 가는 게 재미없고 힘들기까지 하였다. 그래서 혼자 다니라 하고 나는 내 편한 시간에 맞춰 혼자, 더러는 친구하고 다녔다.

두 번이나 사촌 시동생을 따라 천봉산엘 가려다 못 간 동서, 조금은 미안한 생각에 내가 인도해서 가리라 하고 어느 날 형님 집에 불쑥 들어갔다.

"형님, 산에 가자고요."

"응 그래 가, 가."

티브이를 보다가 벌떡 일어나 입은 옷 그대로 나와 운동화를 신는다.

"에구! 형님, 운동화는 안 돼요. 등산화 신어요."

"괜찮아, 괜찮아, 등산화 없어."

남편이 왜 형수의 부탁을 들어주지 않았는지 납작한 운동화를 보고 이해가 갔다. 내 염려는 아랑곳없이 앞장서서 대문을 나서는 형님을 다시 방으로 들어가게 할 수가 없었다. 천봉산을 오르는 두 군데 길 중에서 내가 오르는 천주교 공소가 있는 작은 마을 뒤의 산길로 들어섰다. 자산을 거쳐서 천봉산을 가는데 자산 정상까지가 가파르다. 그런데 형님은 내 앞에서 잘 걸었다. 천봉산 정상까지도 무난하게 오를 것 같았다. 그러나 나는 자산 정상에 설치되어 있는 운동 기구에서 잠시 운동하고 그만 내려가자고 했다. 형님도 그러자며 등산화를 사겠다고 상기된 얼굴로 말했다.

하산 길에선 형님 운동화가 더욱 신경 쓰였다. 낙엽의 미끄러움은 얼음보다 더하다고까지 혹자는 말하지 않았던가. 행여 형님이 미끄러지기라도 하면 큰일이다. 오를 때와는 반대로 형님을 뒤따라오게 하다가 좀 넓은 산길에서는 아예 팔짱을 끼고 나무작대기로 몇 잎의 낙엽이라도 획획 쓸어내며 내 오늘일랑 바스락 낙엽 밟는 낭만 따위는 버리리라 했다.

며칠 뒤 등산화를 샀다는 말을 들었다. 그러나 성질 못된 계모 같은 맹추위는 금방 닥쳤다. 가까운 공원길을 혼자 걷다가 말다가 게으른 겨울나기를 하다 보니 3월이 되었다. 3월에 물사발 얼어 터진다는 말도 있지만 누가 뭐래도 3월은 봄, 봄이 아닌가. 등산화를 사 놓고 천봉산 갈 날을 기다릴 형님에게 전화를 걸었다. 산엔 날 좀 따뜻해지면 가고 오늘 뒤 냇가 둑길 저 끄트머리 체육공원에 가자고. 대답인즉 그 사랑방 분들과 아구찜 맛집을 찾아 문경엘 가기로 했다며 다음에 가자고 하는 것이다.

“아, 그래요. 앞으로 날은 얼마든지 있으니까 형님 시간 있는 날 전화 주세요."

그러나 그 앞으로의 날은 얼마든지 있질 않았다. 꿈이었으면 좋을 일이 일어났다. 며칠 뒤 형님이 돌아가신 것이다. 공중목욕탕 안에서 쓰러져 가까운 병원으로 옮겨졌으나 소생하지 못하고.

계절에 상관없이 자주 가는 목욕탕, 탕 안에 들어가기 전에 먼저 비누칠하여 몸 씻는 순서도 지켰을 것이고 오래 들앉아 있지도 않았을 터, 어찌하여 욕탕 안에서 쓰러지는지.

아주버님은 등산을 전혀 안 하시고 혼자는 갈 자신이 없고 같이 갈 동행이 없어 산에 못 간다는 걸 나는 한 번도 생각하지 못했다. 산 아래까지 자전거를 이용할 때는 냇가 둑길을 피하지만 걸어서 갈 때는 둑길을 택하기도 했는데 나는 어찌하여 형님이 둑길 산책하는 걸 못 봤는지.

남편과 또는 친구와 갈 때보다 혼자 가는 산이 솔직히 더 마음 편하다. 야생화 접사를 할 수 있어서 좋고 느리게도 빠르게도 아닌 내 걸음나비에 맞춰 걸을 수 있어서 좋다. 어떤 이유에서건 혼자 등산하는 여자도 많은 동네 뒷산 같은 천봉산인데 형님은 혼자 갈 용기가 왜 없었는지?

자산까지만이라도 그날 같이 가 준 이 사촌 동서가 얼마나 고마웠으면 친구가 백 번이라고 말할 정도로 그리도 여러 번

나를 착하다고 했을까.

형님의 죽음이 너무나 안타깝다. 있을 때 잘하라는 말이 있건만 있을 때 형님 마음 헤아리지 못한 내가 밉다.

한 다리도 십 리

설을 며칠 앞두고 택배가 왔다. 넷째 사촌 시숙님 큰아들이 보낸 홍삼정이다. 지난 추석 때도 비싼 건강 기능식품을 보내더니 또 신경을 썼다.

몇 달 전엔 셋째 사촌 시숙님 아들이 고향 왔다가 용돈 쓰라며 돈 봉투를 주고 갔는데 당질들에게 돈과 선물을 받는 마음이 편하지 않다. 그들은 하나같이 숙모님이 잘해 주셔서 고마웠다고 한다. 저희 자식들에게 추억을 만들어 주어 고마웠다고 덧붙인다.

당질들은 촌수와 호칭을 몰라서가 아니라 친밀감 느껴지게 당숙모에겐 숙모, 당숙부에게는 삼촌이라 부르겠다고 오래전에 선언했었고 그렇게 실천을 하고 있다.

내가 그들에게 뭘 잘해 주었던가. 정말 잘해 준 것이 없다. 그런데 그들은 하나같이 잘해 주었다고 한다. 제일 큰 4촌 시숙님의 장남이 같은 서울에서 차례를 지내지만 살아계시는 부모를 뵈러 오는 게 더 소중하므로 명절이면 고향에 내려왔고 우리 집으로 차례 지내러 온 것이다.

차례를 지내고 아침상을 차리는데 마흔 명이 넘는 인원이라 손길이 바쁘다. 밥은 두 개의 큰 전기밥솥에 했고 넉넉하게 준비하여 놓은 다섯 가지 나물로 비빔밥을 만든다. 차례상의 소고기 산적, 황태구이, 대구포, 가오리, 두부 등을 재빨리 주방으로 가지고 가 썰고 찢어 미리 담아 놓은 전과 튀김의 여러 접시 위에 얹어 상에 낸다. 조기도 잘 잘라 아이들이 먹는 밥상에도 놓아준다. 탕국도 밥그릇 옆으로 앞앞에 놓는다. 어머님 살아계실 때 두세 명이 먹을 수 있게 놓았고 나도 몇 년 동안은 그렇게 했지만 어느 해 혁신을 일으켰다. 간염, 헬리코박터균은 식당에서만 조심해야 할 일이 아니지 않는가. 남편은 못마땅하게 여겼지만 강행을 했다.

남자들과 손위 사촌 동서들은 거실에서, 아이들은 안방과 건넌방에서, 질부들은 주방에서 밥을 먹는다. 동서와 나는 후식으로 낼 떡, 과일, 한과 등을 접시에 담고 내놓느라 식사는 뒷전이다. 질부들은 다음 차례 지낼 또 다른 사촌 시숙님 댁엘 가기 위해 밥을 먼저 먹게 하는 것이다. 모두 나가고 난 뒤 동서와 나는 늦은 아침밥을 먹는다. 두 번째로 차례 지내는 사촌 시숙님 집에서는 간단히 다과로 하고 산소로 가서 성묘한 뒤 헤어지는데 그때쯤 점심시간이 되어 우리 식구와 시동생네 식구의 점심상을 차린다.

명절날 아침은 동서와 질부들이 거들어 수월했다. 그러나 명절 준비는 늘 혼자 했기에 힘들었다. 큰언니는 명절이 다가오면 내 걱정부터 한다. “어떻게 해내느냐?” “안쓰럽다” “몸살 날까 걱정이구나.” 하면서.

동서가 명절 전날 와서 거들긴 하지만 거리가 먼 서울서 오니 오후에나 도착하여 그땐 이미 모든 준비가 거의 끝났다. 동서는 자신이 오면 같이 하지 왜 그렇게 일찍 했냐고 하지만 멀리서 오는 사람 기다리는 게 못된 맏동서 같아 나는 동서 기다리지 않고 미리 하는 것이다.

한 해가 다르게 성큼 자라서 나타난 애들을 보며 저 애들도 내가 한 해가 다르게 늙어가고 있다고 느꼈을 거란 생각을 명절날 아침이면 한다. 명절이 아니면 얼굴 보기 힘들기에 거실로 들어서는 친척들이 언제나 반가웠다.

며느리를 보았더니 첫 명절을 지내고 2층으로 된 독일제 식기세척기를 사서 설치해 주었다. 명절 음식을 며느리와 같이 장만하고 설거지도 식기세척기가 도와주니 얼마나 수월한지. 그런데 해가 거듭됨에 명절 차례 지내러 오는 사람이 줄었다. 셋째 사촌 형님과 아주버님이 와병으로 2년 간격으로 돌아가시고 넷째 사촌 형님도 공중목욕탕에서 쓰러져 돌아가셔서 당질들이 서울 자신들 집에서 기제사와 명절 차례를 지내기 때문이다.

명절날이면 잔칫집 같이 법석대고 밥 먹던 그때가 그리워진다. 어쩌면 당조카, 당질부들이 지난날 어렴풋이 생각했던 나의 수고를 명절 차례 음식과 기제사 준비를 자신들 집에서 직접 하면서 진하게 짐작하게 됐고 그래서 돈을, 건강식품 선물을 해야겠다고 생각하며 실천한 것 같다.

옛 어른들은 촌수를 말할 때 '한 다리가 천 리'라는 말을 잘 썼다. 정 가는 게 사촌 다르고 육촌 다르다는 뜻이다.

천 리! 보이지 않는 그 천 리도 마음먹기에 따라서는 백 리, 아니 십 리도 될 수 있다는 걸 생각하게 하는 오늘이다.

수필 삼총사

도깨비한테 홀린 것 같다. 암만 생각해도 그런 것 같다. 도깨비한테 안 홀리고서야 어찌 이런 결과가 나왔나. 분명 홀리었다.

오늘 두 작가를 만났다. 한 명은 네 권의 수필집과 한 권의 논문집을 냈고 경북대학교 평생교육원 수필 강사 역임에 수상 경력 많은 정 작가다. 현재 모 문인협회의 회장이기도 하다. 또 한 명은 동시 작가이면서 수필도 쓰며 글짓기 공모전에서의 장원 등 수상 수차례에 올해 모 신문 신춘문예 수필 당선된 허 작가다.

책 출판을 해서 증정했을 때 쓰다 달다 반응이 없는 사람이 많다는 말을 몇 작가들한테서 들었고 글로도 읽었다. 내가 다섯 번째로 수필집을 내어 증정했을 때 내 책 받고 '달다' 쪽 반응을 보인 사람 중에 순위를 정하라면 허 작가가 단연 1위다. 밤새워 책을 읽었고 글이 좋다며 숟가락 놓고 싶지 않은 집밥 맛이라고 했다. 조미료 안 들어간 깔끔한 무공해 집밥.

이 작가는 타 문인협회 회원이기도 하고 우리 상주문인협회 회원 가입한 지는 몇 년 안 된다. 내가 문협 모임에 잘 안 나가 책 속의 사진 말고는 본 적이 없다. 이 작가가 나를 만나고 싶어 하였지만 선뜻 응하지 않았다. 딱히 할 말도 없고 글 쓰는 사람들이니 글로 만나면 되지 않나 하는 생각에 서였다.

정 작가도 서로 책은 우편으로 주고받았고 상면한 적은 없다. 그런데 네 번째 수필집을 내어서는 직접 주고 싶다고 했다. 보고 싶다며. 책을 출간하면 증정하는 데 우편요금도 많이 드는지라 한 고장에 살면서 부치라 할 수도 없었다. 그래서 가까운 공원에서 만나기로 하고 허 작가도 함께하기로 했다. 그런데 약속한 그날 허 작가는 피치 못할 사정이 생겨 나와 정 작가와 둘이서 만났다. 그녀가 말했다. 수필 쓰는 사람끼리 모임을 만들자고. 우리 고장에 수필가 모임 없는 것이 아쉽다고.

생각하지 못한 제안에 모임을 만들더라도 나는 참석하지 않겠다고 했다. 문인협회에는 잘 나가지 않으면서 수필가들끼리 모임을 만들어서 나간다는 것이 내키지 않았다. 그러구러 몇 달이 지났고 허 작가가 자신의 글이 실린 책을 주겠다며 만남의 빌미를 만들었다. 하여 우리는 셋이서 만났다. 시내 중심에 자리한 왕산공원의 작은 동산 오르막 중간에 위풍도 당당하게 서 있는 고목 느티나무, 그 아래 정자는 마치 우리를 기다리고 있는 듯 의자가 비어 있다. 코로나가 완전히 종식되지는 않았지만 완화되어 마스크를 쓴 사람도 있고 안 쓴 사람도 있는 가운데 우리는 마스크를 쓰고 만났으나 곧 벗고 초여름의 싱그러운 공기를 마시며 대화를 나누었다.

허 작가가 한 달에 한 번 수필 한 편씩 써서 만나자는 제의를 한다. 동시도 쓰면서 수필을 매달 한 편씩도 쓴다? 정 작가는 주변의 모든 것이 수필 소재라고 하며 지난 넉 달 동안 쓴 수필이 열다섯 편이라고 한다.

놀랐다. 글 잘 쓰는 작가들인 줄 알고는 있었지만 이리 열성적인 줄은 몰랐다. 이들도 분명 살림 사는 주부로 시장도 보고 집안일 하면서 어찌 그리 다작을 할 수 있는지 알 수가 없다. 내가 만약 집안 살림을 도와주는 사람이 있어 시간이 넉넉하다 해도 이 두 작가처럼 못 쓸 것 같은데 우리 집 일은 거의 내 손이 가야 한다. 한 끼 굶으면 기운이 없고 배가 고프듯이 하루 게으름을 피우면 집은 담박 표가 난다.

나는 날마다 일, 일 속에서 헤어나지 못하고 산다는 생각을 해 왔다. 그래서 늘 시간 부족으로 글 못 쓴다고 알고 있었다. 옛 어른들이 살림 다른 데 없다고 했는데 두 작가도 주부들이니 하는 일들은 다 비슷할 것인즉 밤새워 글을 쓰는가? 아니면 눈 감고 자면서 글을 쓰는가? 누구는 열무김치 한 통 담그는데 두 시간이 소요됐는데 누구누구는 '열무김치 나와라 뚝딱!' 요술 방망이를 휘둘러 만드는가?

밤잠을 안 자고 쓰건 요술 방망이 덕을 보건 기술은 기술이렷다. 프랑스 여류작가 시몬느 드 보봐르가 쓴다는 것을 왜 기술이라고 했는지 알 것도 같다.

한 달에 하루 만남을 갖자고 두 작가가 강력하게 밀고 나온다. 대답을 아니 했다. 오래전부터 하던 두 개의 계모임을 계원들 의견 일치로 해체한 지 10년이 넘었다. 하나의 계는 열 명 중 세 명이 앞다투어 암으로 유명을 달리하여서 계원들 충격이 너무 크고 곗날 그 빈자리가 슬퍼 그만 해체했고 또 하나의 계는 그냥 해체하자는 누군가의 말에 해체했다. 그 후 너무나 섭섭하여 계원 중 마음 맞는 친구 넷이서 매달 한 번씩 만나며 앞으로는 다른 어떤 모임도 만들지 않기로 작정한 바 있다. 그런데다 요즘은 옷이며 그릇, 도서까지 수시로 버리기를 하면서 신변 정리를 하는데 새삼 무슨 모임인가. 수필가 모임을 결성하자는 데 찬성할 수 없는 또 하나의 이유다. 그 자리에서 그런 이야기를 할 수 없었으니 이유 없는 오만함으로 오해하기 좋을 것 같아 나중엔 그만 그러자 하고 말았다.

집에 와서 이 두 작가가 잠깐 도깨비로 변신해 내 마음 홀려 놓았다고 생각하고 있는데 카톡 한다. 핸드폰을 여니 허 작가가 빠르게도 '수필 삼총사' 단톡방을 만들어 오늘 만남 행복했다고 한다. 정 작가도 즐거웠다고 다음 만남이 기다려진다고 한다. 나도 얼떨떨한 가운데 오늘 만나서 좋았다고 했다.

신선한 충격

"감영에 가 봐, 좋아여."

우리 아파트 조 여사는 어제 날짜로 세 번째 내게 말했다. 그녀의 권유가 고마워서 오늘 일부러 여기 경상감영공원에 왔다.

조 여사는 언젠가부터 걸음걸이가 예전과 달리 조금 아둔했다. 손 떨림도 있었다. 혹시 뇌경색인가 하여 찾은 병원에서는 파킨슨병이라는 진단을 내렸다. 약을 처방받아 복용하는데 의사는 걷기 운동을 권하였다. 그런데 누군가가 파킨슨병에 산에서 나무가 뿜는 피톤치드를 마시며 맨발 걷기를 하면 좋다며 권유하였다 한다. 그러나 그녀는 걸음걸이가 불편한 병인 만큼 산을 오를 수가 없어 학교 운동장에서 하다가 여기 공원 광장에서 하는 것이다.

우리 아파트 가까이는 공원이 여러 군데 있다. 공원마다 큰 나무와 온갖 화초를 심어 자연과 접할 수 있도록 하여 좋고 운동기구를 고루 설치해 놓아 건강을 다질 수 있게 하여 또 좋다. 그런데 공원을 걸을 때면 나는 불편함을 느낀다. 매일 아스팔트 길을 걷다가 공원에서나마 흙을 밟으며 걷고 싶은데 공원 산책하는 길이 흙이 아니고 시멘트나 보도블록을 깔아 놓았기 때문이다. 어린이들이 공원에 나왔다가 넘어지기라도 하면 흙길이면 상처가 안 날 수도 있다. 그러나 시멘트나 보도블록은 상처를 심각하게 입을 수 있는 것이다. 의자에 앉아 있으려고만 간다면 그런 공원도 좋겠지만 걷기 운동을 하기 위해서라면 굳이 공원을 택하여 갈 필요가 없다고 생각한다. 걷는 게 건강에 좋다고는 하나 어디까지나 흙길이지 시멘트 바닥은 아니지 않는가. 시멘트 길을 많이 걸으면 오히려 족저근막염이란 병을 얻을 수 있다고 한 어느 의사의 말이 시멘트 길을 걸을 때면 생각나곤 한다.

요즘은 공원뿐 아니라 도시와 농촌 넓은 길 골목길 들길 구석구석, 하물며 주택의 마당까지 시멘트나 우레탄 아니면 보도블록이다. 어디 가서 맨발로 흙 땅을 걷는단 말인가.

이 공원은 시에서 행사를 자주 연다. 소울푸드 페스티벌,

국화축제, 정기룡 장군 상주성 탈환 기념탑 제막식, 농기계 박람회 등등 각종 행사를 며칠씩 이 공원 광장에서 행하여 그럴 때마다 맨발 걷기를 못 하는 날이 많은 것 같다.

오늘은 초여름의 따사로운 햇살을 내리받고 있는 텅 빈 광장이 맨발 걷기를 하기에 더없이 좋은 날씨다. 공원 뒤쪽 입구에서 오솔길로 걸어오며 고개를 돌려 광장을 보노라니 저만치 먼 데서 조 여사 부부가 걷기를 하고 있다. 그런데 그녀 남편이 가다가 엎드리고 가다가 엎드리곤 하는 게 아닌가. '어 뭐 하시지?' 뜻밖에도 담배꽁초를 줍는 게 아닌가. 그런데 또 다른 행동에 내 눈이 크게 떠졌다. 개똥을 집어서 화장실로 가서 화장실 앞에 있는 대형 쓰레기통에 넣는 것이 그것이다. 개똥 처리하는 익숙함이 처음은 아닌 것 같다.

실인즉 나도 이 공원엘 몇 번 왔었다. 운동이 아닌 블로그에 올릴 여러 야생화와 해당화, 작약꽃 접사를 하기 위해 카메라를 챙겨서. 그때 광장에 개똥이 있는 걸 봤기에 멀리서도 조 여사 남편의 행동이 개똥 처리인 줄 담박 알 수 있다.

공원에 개를 끌고 나오는 사람들이 있다. 그들은 걷기 운동하는 사람처럼 광장을 돌지는 않고 대개 광장을 지나 다른 데로 가는 걸 봤다. 그런데 사위가 어두운 새벽이나 밤엔 보는 사람 없다고 이 광장을 유유히 거닐었던가 보다. 그 과정에서 개는 배변을 했고.

개가 배변을 할 때는 가던 걸음을 멈추고 하건만 그냥 가다니. 개 데리고 나오면서 배변 봉투를 준비 안 한 나쁜 사람이다. 혹시 준비하지 못했으면 바로 보이는 곳에 화장실과 대형 쓰레기통이 있어 얼마든지 처리할 수 있지 않은가. 아니 어쩌면 준비했으면서도 아무도 보는 사람 없다고 그냥 갔는지 모른다.

개똥은 수많은 박테리아 기생충과 질병을 사람에게 전염시킬 수 있다고 한다. 영국의 럭비 선수였던 닐 백스터는 경기장에서 개똥을 밟은 탓에 세균 감염의 하나인 연조직염(봉와직염)에 걸려 수술을 받았다. 종기를 완전히 제거하고 절개 부위를 재차 봉합하는 수술을 받았지만 결국 종아리 근육의 20%를 잃었다. 수술 후 1년이 흐른 뒤에도 무릎 아래 5센티부터 종아리 부위에 감각이 느껴지지 않는다는 신문 기사는 나의 개똥에 대한 공포와 혐오감을 잔뜩 심어 놓았었다.

공원 광장의 개똥이 비가 오면 어떻게 되겠는가. 빗물에 녹아 박테리아 기생충 등이 땅에 확 퍼지겠지. 그 땅을 사람들은 건강을 다지자고 맨발로 걷기를 하고. 자신이 데리고 나온 개의 똥을 되가져가는 공중도덕을 지키는 일은 기본 중의 기본이건만 참 얌체다.

내가 개똥을 봤을 때 나는 듣는 사람도 없는데 구시렁거렸었다.

“맨발 걷기를 하는 사람이 있는 줄 번연히 알면서 그냥 갔단 말인가, 참 되먹지 못한 개 같은 인간일세.”

“저 개똥을 꽃삽으로 폭 떠서 개 주인 밥그릇에 얹어 주고 싶다 진짜.”

관리사무소에 가서 광장에 개똥이 있음을 알리고 싶었다. 그러나 생각에 그쳤고 그걸 치울 생각은 아예 하지 않았다. 그런데 조 여사 남편은 담배꽁초를 줍고 개똥 처리까지 하지 않는가.

나는 개똥을 치우지 않으면서 열을 된통 받았었는데 개똥을 치우면서 마음 느긋했을 조 여사 부부, 내게 신선한 충격으로 다가왔다.

안 보이면

골목길이라기엔 넓고 큰 도로는 아닌 차는 가끔 다니는 길, 그 길을 나는 자주 다니는 편이다. 마트나 시장, 은행 갈 때 다른 길도 있는데 그 길을 택해서 가곤 한다.

그곳을 지날라치면 길가에 나와 있는 재홍이 엄마를 곧잘 본다. 그녀는 자신의 집 골목의 끝 담벼락에 의자를 대놓고 앉아 있거나 그냥 길가에서 하릴없이 서성거리곤 했는데 나를 보면 언제나 입 크게 벌려 활짝 웃으며 많이도 반가워했다. 나 역시도 그런 그녀가 반가웠고 좋았다.

오래전 단독주택에 살 때 우리는 골목을 사이로 이웃하여 친하게 지냈다. 남편을 일찍 저세상으로 떠나보낸 그녀는 외아들과 둘이 살았는데 무슨 건물에선가 월세를 받는 데다 현금도 많은 듯 제법 풍족한 생활을 하였다. 시간적 여유도 많아 걸핏하면 나를 오라고 하여 이야기보따리를 풀어 놓곤 하였다.

처녀 때는 남자들 속을 꽤 썩여줬다고 한다. 아닌 게 아니라 계란형의 희고 곱상한 얼굴에 오뚝한 콧날, 짙은 눈썹에 큰 눈, 알맞은 키에 인상도 좋으니 어느 남자가 안 좋아했겠나 싶다. 그런데 자신 좋다 하는 하고많은 남자 중에 남편에게 마음이 끌려 결혼을 했는데 나중 생각하니 자신 눈이 삐었었다는 생각이 들더라며 소리 내어 웃었다. 눈이 삔 것까지는 좋은데 남편이 일찍 세상을 떠나 과부를 만들어 놨으니 배신자가 따로 없다며 곧 쓸쓸한 표정을 짓기도 했다.

우리 동네 가까운 곳에 아파트가 들어서기에 우리는 재빨리 입주 신청을 하여 그곳을 떠나 이사를 했는데 재홍이네도 몇 년 뒤 우리 사는 아파트와 가까운 단독주택으로 이사를 한 것이다. 그녀가 우리 집과 가까운 곳으로 와서 산다는 걸 알았을 때 옛날같이 골목을 사이로 들며 보고 날며 보고 그러지는 못해도 길에서나마 자주 볼 수 있다는 게 너무나 좋았다. 그 길을 지날 때 그녀가 있으면 볼일 바빠도 잠시 걸음을 멈추고 몇 마디 대화를 나누다가 발걸음을 떼어놓곤 했다. 그녀는 우리 애들 안부를 자주 물었고 내 뒷모습을 보면 아가씨 같아 따라오는 총각이 있겠다는 농담도 곧잘 했다.

외아들 재홍이는 결혼하여 서울서 살아 그녀는 혼자 살고 있다. 어느 날은 길 가는 나를 끌다시피 데리고 가 차 대접을 하며 경로당은 화투 치는 거 싫어 안 가니 밥 먹고 텔레비전 보는 게 일상이라며 제발 놀러 좀 오라고 했다. 계 모임이 많기로 유명한 우리 고장에서 그 흔한 계 모임 하나 없다며 외로움을 호소했는데 나는 그 후 한 번도 재홍이네 집에 가지를 않았다. 그런데 그녀가 요즘 안 보이는 것이다.

80대 중반의 얼굴 혈색도 좋고 건강미가 넘치는 이웃에 사는 한 부인도 얼마 전부터 어째 안 보일까 했는데 간암으로 병원에 입원해 있다는 소식이다. 걸어 다니기보다 늘 씩씩하게 자전거 페달을 밟으며 다니기를 좋아했고 뭔가를 배우러 복지관에 열심히 다니며 언제나 활동적이었는데 간암 그것도 말기라니 참으로 알 수 없는 게 노인의 건강인 것 같다.

문단 생활을 하면서 문예지를 받아서 읽노라면 예전에 작품 활동을 열심히 하던 작가들의 글이 오래도록 안 보인다고 느껴질 때가 있다. 자연 그 작가들의 안부가 궁금해지는 것이다.

언젠가 내 한 친구가 말했다. 자주 보이던 나이 든 사람이 안 보이면 요양원에 보내졌거나 죽었다고 생각하면 된다고.

너무나 서글프게 들리던 그 말이 요즘 자꾸 생각이 난다.

재홍이 엄마는 왜 안 보일까? 무릎관절과 다리가 자꾸 아프니 자연 집안에서만 지내게 되고 우울증까지 생기는 것 같다며 슬픈 표정으로 말했을 때 나는 아무 말을 하지 않았었다. 아니 하지 못했다. 할 말이 생각 안 나서였다. 그때 그녀는 서운하지 않았을까?

코로나19로 하여 계 모임도 하지 않고 인터넷 주문으로 마트도 가끔 가는 요즘이다. 그래도 그 길은 가끔 지나는데 그 길에서 그녀를 보지 못한 지가 한참 됐다. 마스크를 쓰고 서로서로 경계하며 거리 두기를 하는 시국에 그녀 집 초인종을 누를 수도 없다.

보이던 나이 든 사람이 안 보이면 요양원에 보내졌거나 죽었다고 생각하라는 친구의 그 말, 재홍 엄마를 생각하며 나는 고개를 크게 가로젓는다. 서울 사는 아들이 모셔갔거나 무릎관절 수술을 위해 입원을 시켰을 것이란 생각을 하면서.

아이 무식해

공원에서다. 숲길 벤치에 앉았다가 일어나는데 갑자기 개 한 마리가 나타나 나를 보고 짖었다. 주인 앞에서 가던 걸음을 멈추고는 내 쪽으로 몸을 돌려 내게 달려들 것 같은 자세로 짖어댔다. 나는 개가 오고 있는 줄 몰랐기에 좀 놀랐다. 개는 목줄을 매지 않은 상태다. 개가 크지 않으나 작은 개도 사람을 문다는 걸 잘 알기에 당황스러웠다.

아들이 어렸을 때 이웃집 작은 개한테 다리를 물린 적이 있다. 개에 물리면 개 침을 맞혀야 한다고들 하여 아들 데리고 물어물어 간판 없이 개 침을 놓는 노인을 찾아가 침을 맞혔었다. 아들은 개에 물려 울었고 침 맞으며 눈물을 흘렸다. 악몽 같았던 그때가 떠오르며 내가 이 개에게 물리지 않을까 싫고 겁이 났다.

개가 공격을 하려 할 때 달아나면 위험하다는 말을 들은 적이 있다. 그래서 나는 그 자리에서 개가 내 가까이 오는 것을 막기 위해 발을 탁탁 바닥에 구르는 행동을 취하였다. 개는 멈칫멈칫하면서도 더 요란스레 짖었다. 내가 뭐 어쨌다고 짖는가? 내가 다시 발을 바닥에 힘차게 구르니 개는 성깔을 있는 대로 부리며 내 가까이 오며 짖어댔다. 그때까지 개 주인은 우두커니 서서 보고만 있다가 내가 다시 벤치 뒤쪽으로 가려니까 그제야 개 목에 짧게 감긴 목걸이를 손으로 잡아 개의 난동을 저지 시켰다, 그런데 뒤에 오던 다른 개가 또 나를 보고 짖는 게 아닌가. 이 개는 강아지 같고 사람을 무는 행동은 하지 않을 것 같지만 그래도 먼저 나를 향해 앙칼스레 짖었으므로 발을 탁탁 구르며 짖는 걸 멈추려 했다. 그런데 이 개 주인은 개 저지 시킬 생각은 안 하고 손에 든 개똥 비닐봉지를 번쩍 들어 보이는 것이다.

참 이상도 하다. 어쩌란 말인가. 누가 개똥 보자 했나. 딴에는 자기는 개의 배변을 수거해 간다는 걸 알리고 싶었나 보다. 개가 배변을 할 때 보는 사람 없으면 그냥 가는 사람이 많으니 자신은 남이 안 하는 무슨 대단히 좋은 일을 한다고 생각하는 것 같다. 그리고는 말한다.

"애는 사람이 그냥 지나가면 저도 조용히 그냥 지나가요"

이 개 주인은 내가 먼저 저희 개 비위를 건드린 것처럼 말을 하는 것이다. '우리 개는 안 물어요' 하는 사람보다 더 이상하다. 그리고 애라니? 자식인가?

요즘은 실내에서 개에게 아빠라고, 엄마라고 하면서 자식처럼 키우는 집이 많긴 하다. 개는 몸집이 크나 작으나 낯선 사람에겐 공격을 가하여 주인을 보호하려는 충성심은 있다. 그러나 개는 주인을 배반도 한다는 걸 몇 년 전 개가 주인을 물어 죽인 사건에서 알았다.

공원에 목줄을 매지 않고 개를 데리고 나오는 사람들이 더러 있다. 어느 날은 좀 먼 거리의 개가 나를 향해 막 달려오는 게 아닌가. 저를 부르지도 않았는데 왜 나를 향해 오는가. 목적 있어 오는 게 분명했다. 내 다리를 물어뜯을 목적. 얼마나 당황했는지. 개의 주인 남자가 그 개가 내 가까이 오기 전에 불러서 개는 되돌아갔고 나는 물리지 않았지만 참으로 불쾌했다.

목줄 안 맨 개들은 신바람이 나는 모양으로 막 뛰어다닌다. 그게 전부라면 누가 뭐라 하겠는가. 주위 사람에게 가까이 다가가서 불안하게 하고 저네 주인을 헤치지도 않는데 공격을 가하려 하고 실제로 물기도 하니 문제가 아닌가.

나는 어릴 때부터 개는 왜 늑대와 비슷하게 생겼나 하는 의구심을 가졌었는데 알고 보니 개는 늑대의 후손이라고 한다. 개와 늑대는 그 유전자가 99.6%나 일치하고 완전히 동일 종이라는 것이다.

그러면 그렇지. 그러니까 개들은 그 늑대처럼 생긴 이빨로 낯선 사람을 보면 물어뜯고 싶은 충동을 느끼겠지. 그러니까 개들은 반드시 목줄을 매야 하는 것이거늘. 그러니까 개 목줄 매는 걸 의무화 시켜놓은 게 아니겠는가.

그런데 목줄 미착용 개 주인들 왜 목줄 매기를 싫어하는지 모르겠다. 내 자식 집에서만 귀하듯 개도 저 집에서나 귀한 법임을 알았으면 한다. 개를 무서워하고 싫어하는 사람도 있다는 걸 알았으면 한다.

나는 예쁘고 귀엽게 생긴 개라도 개 주인이 목줄 안 매고 데리고 다니면 그 개가 밉게 보인다. 반대로 목줄 매고 다니고 배변 수거할 준비를 해서 다니면 예쁘게 생기지 않은 개라도 예쁘게 보인다. 그리고 목줄을 매고 개를 데리고 다니는 사람을 보면 그게 당연한 행동인데도 무슨 좋은 일을 하는 것 같이 보인다.

나를 향해 짖어댄 개 주인들은 미안한 기색 하나 없이 가던 길을 걸어간다. 정말 미안하지도 않았던 모양이다. 화가

난 내가 그녀들 뒤통수에 대고 한마디 했다.

“개 목줄은 왜 안 매는데요?”

뒤도 안 돌아보고 대답도 없이 가는 게 아닌가. 개를 밖에 데리고 나갈 때는 개에게 목줄을 매어야 하는 기본 상식도 모르고 ‘애완견 목줄 미착용 50만 원 이하 과태료 부과’ 공원의 현수막 글도 읽을 줄 모르는 까막눈 같아서 한마디 더 했다. 큰 소리로.

“아~이 무식해”

박순혜 수필선집
곶감을 훔쳐먹고

2023년 12월 10일 1쇄 발행

지은이 / 박순혜
발행인 / 강병욱

발행처 / 도서출판 교음사
편집 / 수필문학사 편집부

03147 서울 종로구 삼일대로 457 수운회관 1308호
Tel (02) 737-7081, 739-7879(Fax)
e-mail : gyoeum@daum.nett
등록 / 제2007-00052호

* 잘못된 책은 바꿔 드립니다. 값 15,000원

ISBN 978-89-7814-953-2 03810

- 이 도서는 한국예술인복지재단의 창작준비금을 지원받아 제작되었습니다.